山东大学出版社

张士闪 李松 总主编

龙圣 俞理婷 著

山东村落田野研究丛书

韩家村

《山东村落田野研究丛书》
编委会

总序

编纂一套山东村落田野调查方面的丛书，立意甚早。20多年来，以山东大学为核心的山东民俗学团队，每年都会安排多次村落田野调查活动，许多博士、硕士学位论文也以村落为田野点，注重对田野材料的挖掘与分析，紧贴乡土作实证研究，迄今竟有百村之数。学术论文的阅读群终归有限，将这些辛苦得来的第一手田野资料，以写实的手法呈现出一个个真实的村落世界，向社会提供一份可信的国情资料，一直是我们共同的心愿。

2016年夏，山东大学民俗学研究所与山东大学出版社共同策划、申报"山东村落田野研究"选题，并于2017年春被列入国家出版基金规划资助项目，夙愿终偿。我们从以山东村落为田野点的博士、硕士学位论文中遴选出20种，邀约作者遵循"深描村落生活，凸显村民主体，梳理乡土文脉，展现国情底色"的原则，进行改写或重写。为使这一原则不致落空，我们课题组密集举办三次小型研讨活动，达成如下共识：

首先，小中见大，述而见议。这套丛书所选村落虽然都在山东，但学术视野并不自我设限，讲究以小见大，寓学理于讲述之中，助推对于中国社会的深入理解。这需要作者秉持综合、开阔的学术眼光，既关注村落的历史脉络，涵括其驳杂的历史动态，又聚焦当今村民主体话语，反映村落的社会现实和未来走向。

其次，关注传承，着眼动态。在乡土社会发生剧变的当下，我们理应重新观察和思考作为人类最基本的生活共同体的村落，关注其自治传统的传承及组织机制，得出符合其自身历史实际和内在逻辑的阐释。村落描述，不应该成为乡村琐事的拼盘，也不是对于一个个村落凝固幻象的编织，甚至也

不应满足于立此存照式的一幅幅风俗画。我们深信,就在众多村落所呈现的异同之间,蕴含着中国基层社会的真正奥秘。

再次,村民本位,日常视角。坚持村落民俗志描述中的村民本位,摆脱那种将文人的文字传统视为“唯一性知识”的旧习,将村民日常使用更广泛的口述、物象、仪式等知识形式,放在至少是与文字同等的位置。我们深知,白纸黑字所代表的文字表达传统,仅仅是占社会总体人数很少的文人阶层所推重的一种特殊知识形式,而远非人类知识之全部。在乡村社会中尤其如此。将村落的历史、当下与未来贯穿起来的村民,在“过日子”中凝结而成的丰富知识形式,理应在村落民俗志中显现光彩。我们期望这套丛书出版后,不仅供学者研究、都市人阅读,还有村民愿看,甚至成为村落典藏。让乡土知识真正实现“从民众中来,到民众中去”,是我们最大的心愿。

新世纪以来,随着以全球化、都市化为特征的现代生活的迅速普及,乡土民俗的连续性、系统性、整体性已严重受损,曾作为中国社会主体的乡土村落正经历巨变。但无论如何,村落依然是中国传统文化的重要承载地,农民是绝不可轻忽的文化传承主体。当代学者的一项重要使命就是关注村落,将村落中的人、事、文化传统与生活现状等视为一个整体,通过深描村落社会运行的逻辑,阐释村民的生活世界及其赋予生活的意义之所在,并在此基础上对其组织形态、机制及变迁予以描述与推导,这对于理解中国乡村文化传承乃至整个中国社会大有裨益。我们深知:梳理中国村落的历史来路,叩问其从何而来;展示由形形色色民俗事象所构成的村落人文世界,理解现状与内在脉络;观察村落在现代化进程中的遭遇与新创,关注其向何处去——这应该成为村落研究介入当代中国社会发展、彰显乡村文化茁壮活力的基本向度。

一、中国村落研究传统

生于乡土,终老乡土,曾在漫长岁月中被绝大多数国民视若天经地义,这一社会事实本身即足以显示村落的意义。我们相信,“在村落中研究”(格尔兹语)的学术实践,在当今“世界史”“全球史”风起云涌之际,不仅没有过时，而且不可或缺。毕竟，无论是重述“亚洲”，还是重述“世界”，我们仍要以乡土中国为立足点。

传统意义上的村落，自有其历史渊源与发育过程。村落社会的组织与运行，离不开稳定的民俗传统的传承。民俗传统既具有群体规约性质，又能为民众提供身份认同与人生意义，因而蕴含生机，常在常新。村落之为“问题”，乃是 19 世纪末 20 世纪初，一批知识分子基于晚清社会之变局“眼光向下”的产物：一方面，受西方入侵影响，新的生产方式与经济结构已日益内嵌于中国基层社会，传统时代城乡互动的社会运行模式被打破，作为中国乡土社会基本单元的村落日渐萎缩，成为当时中国社会整体发展失衡状况的表征之一；另一方面，以“西学东渐”为背景而形成的革命性、现代性强势话语，逐渐渗入乡土社会，持续改写着村落发展的内在逻辑，造成了民间自治传统的失衡或断裂。[①] 以此为背景，乡土社会成为当时知识精英普遍关注与“拯救”的对象，村落则成为中国现代学术研究的重要单元。

诚然，学术活动不能没有研究单元的设计。20 世纪上半叶，以费孝通、林耀华等为代表的中国学者，就注意选择村落或村寨为研究单元，并在其学术生涯中长期坚持，认为村落既是便利研究者做全面了解的较小的社会单位，又是反映人们社会生活的比较完整的切片。[②] 其中奥秘，恰如英国人类学家布朗所强调的，对于一个村庄进行细致入微的研究的意义在于——既要看到村落社区生活的某一个方面在整体的社会生活中的功能，也要看到这个村落本身的组成结构。[③] 钟敬文在 1983 年中国民俗学会成立的讲话中，将“搞民俗学当然着重在广大农村”当作不言而喻的前提[④]，后又在不同场合多次表述，获得了国内民俗学界的广泛响应，乃至成为经典范式。20 世纪 90 年代初，刘铁梁从民俗传承生活空间的角度，论述了村落作为基本研究

① 参见张士闪：《“顺水推舟”：当代中国新型城镇化建设不应忘却乡土本位》，载《民俗研究》2014 年第 1 期。

② 参见费孝通：《江村经济——中国农民的生活》，商务印书馆 2001 年版，第 24 页。

③ 转引自赵旭东：《权力与公正——乡土社会的纠纷解决与权威多元》，天津古籍出版社 2003 年版，第 10 页。

④ 参见钟敬文：《民俗学的历史问题和今后的工作》，载《钟敬文自选集》，首都师范大学出版社 2008 年版，第 409 页。

单位的意义，明确了村落研究在民俗学学科中的理论地位。[1] 时至今日，以村落为单元进行研究的学者仍为数众多，跨越民俗学、人类学、社会学、历史学、民族学、艺术学等学科。诚然，在国土广袤的中国，无论从事怎样的课题研究，从相对自成体系而又较小的村落生活共同体入手，自有其合理性，而且有望产生深厚的学术理论意义。更何况，村落研究还被赋予认知历史、立足当下、面向未来的重要使命。村落形态尽管一直处于或微或巨的变化之中，但它所塑造的文化模式与传统，在可预见的未来中国仍具重要价值，乃是不争的事实。

但与此同时，对于以村落为研究单元的批评一直不绝于耳。美国学者施坚雅的批评可谓尖锐："研究中国社会的人类学著作，由于几乎把注意力完全集中于村庄，除了很少的例外，都歪曲了农村社会结构的实际。如果可以说农民是生活在一个自给自足的社会中，那么这个社会不是村庄而是基层市场社区。"[2]在施坚雅的"市场圈"理论之后，又陆续出现了祭祀圈、婚姻圈、联村组织等研究范式，对村落研究模式予以拓展，努力将村落单元置于更大范围的区域社会脉络中予以理解。毕竟，村落社会并非村民的简单集合，村民生活也并非只与村落有关。自古及今，村民与村外世界联系的普遍性是无可置疑的。[3]

围绕村落作为研究单元的种种争论，有相当多的误解在内。比如：对于村落生活共同体的基本理解，是被动、静态，还是动态、开放？争论双方其实是基于不同的预设。村落研究，如果将村落理解为动态、开放的社区，就应该成为从村落出发的研究，以小见大地拓展个案研究的价值，而那种从较大区域展开的研究，如果将村落理解为被动、静态的社区，也不见得就一定贴

---

① 参见刘铁梁：《村落——民俗传承的生活空间》，载《北京师范大学学报（社会科学版）》1996 年第 6 期。最近，他对此作了更明确的表述："村落被民俗学者视为田野调查的最佳场域，也是最基本的空间单位……民俗学把村落作为一个整体的小社会进行观察和分析。在村落中观察到的民俗文化事象，具有时空的限制意义。"（刘铁梁：《"深描"中国村落文化变迁》，载 2017 年 7 月 10 日《中国社会科学报》）

② ［美］施坚雅（G. William Skinner）：《中国农村的市场和社会结构》，史建云、徐秀丽译，中国社会科学出版社 1998 年版，第 40 页。

③ 即使在前现代化时期，村落本身也不可能像老子所说的"鸡犬之声相闻，民至老死不相往来"，如多村共用一庙、信仰仪式的村落轮值等。当代学界热衷于以"古村落""传统村落"等为研究对象，频繁使用"原生态""原汁原味""本真性"等概念，其实都是以将封闭自足视作村落的"典型"状态为预设的。

近了“农村社会结构的实际”。其中的关键，是对于乡村社区与村民主体之间互动关系的理解，而不在于所选择的研究单元的大与小。即便是规模不大的村落，毕竟也是民众多种力量共存的、活态的生活共同体。其实，在中国乡土社会研究中，真正让人遗憾的是对于村民主体性的轻忽或漠视，这是在上述研究模式中一直未能得到根本改变的死角。

二、村落研究，应聚焦民众主体

绝大多数的村落研究，往往将民众的文化笼统地归于“民俗”，似乎民众的文化生命是以“民俗传承”来丈量或维系的。厘清民众与民俗的关系，将有助于拨开笼罩在村落研究中的多重迷雾。民俗，究竟是民众自发的文化创造，还是基于“一二人倡之，千百人和之”的精英引领，抑或不过是国家大一统进程中“礼化为俗”的结果？细究之，上述三种观点虽都不免以偏概全，却也都道出了民俗的某一要义。若将三者统观，庶有助于对“民俗”乃至村落的理解。

首先，民俗的本质是民众主体的文化创造，自无可置疑。民俗传统，即民众在长期生活实践中，以约定俗成的方式促使某种价值规范发生从世俗到超验的升华过程。值得注意的是，这一升华过程绝不是一朝一夕所能成就，也并非一成不变，而是在民众生活共同体内部始终蕴含着多变的可能，呈现出活态性质。同时，再有力的国家行政运作，也无法随意篡改民俗传统或改变村落社会的民众主体性质。近年来对于当代村落的近距离观察，使我们更加确信：在当下新型城镇化的浪潮中，民俗传统不仅没有遁隐，而且变得更富弹性与多元。时至今日，某些村落的发展轨迹时显诡异，其“突然终结”与“奇迹再生”之现象让人大感迷惑。究其实，民众力量在社会剧变中的屈抑与释放当是理解这一现象的重要维度。

其次，自古以来，民俗的形成与发展均离不开知识精英的引领作用。我们在田野作业中发现，很多民俗传统一开始是作为事件应激之文化反应而出现的，如村落形成之初的生存所需、灾乱年头的秩序维持、太平时期的发展机遇捕捉等。这种因应激而形成的文化反应，不会随着事件的完结而迅即消失，而是沉淀、扩散到地方生活中，形成社会经验，此后又会在后发的事

件应激中被运用，最终磨合成一种社会行为模式。在应激事件、应激性文化反应与社会行为模式的互动过程中，离不开少数文化精英的有意识运作，并最终使之沉淀为乡土民俗。恰如“民俗”之作为现代学术概念，也是伴随着现代城市化的发展进程而为知识精英所发明并设置意义的。正像铃木正崇所说：“直到近代，‘民俗’与‘传统’在消灭和生成的间隙中得以发现。”①不过，少数知识精英的引领作用，从来是与其“适于时而合于势”的行为选择密切相关的。兹以地方志书中的灾荒记录为例予以简单说明。地方志书中总是凸显地方精英的非凡作用，比如为减税急赈而为民请命、订约立碑以控制社会秩序等，而将一方民众作为背景因素，至多以“民不聊生”“饥民四起”等语大略言之。这显然并非社会事实。实际上，精英的行为往往是受地方社会情势所激，其对于当时国家政治态势的估测，与对于地方民众心理的揣度，为其行为选择提供了关键性依据。但作为地方社会情势重要构成因素的民众，却在地方志书中被大大忽视了。

再次，中国很早以来就已形成所谓的“礼俗社会”，传统中国作为一个复杂社会系统，在民间生活与国家政治之间有着复杂而深厚的同生共存关系。纵观一部中华文明传承发展史，国家意识形态经常借助对民俗活动的渗透而在乡村生活中贯彻落实，形成“礼”向“俗”落实、“俗”又涵养“礼”的礼俗互动的政治框架。礼俗互动，既包括民众向国家寻求文化认同并阐释自身生活，也体现为国家向民众提供认同符号与归属路径。换言之，借助民俗文化的生机跃动，民间社会始终发挥着对于主流文化的葆育能力。以此为基础，在中国社会悠久历史进程中的“礼俗互动”，就起到了维系“国家大一统”与地方社会发展之间平衡的作用。② 国家政治与民间自治之间的互动关系，不仅形塑着社会组织的基本形式，也由此产生了社会生活层面的文化交织现象：“国家对村落的政治干预与民间自治之间有长期互动的历史，结果是形成了今天（家族村落）聚落联合体的基本组织形式。”③以此理解中国大地上的众多村落，庶有较通观的眼光。

① ［日］铃木正崇：《日本民俗学的现状与课题》，赵晖译，载王晓葵、何彬编：《现代日本民俗学的理论与方法》，学苑出版社 2010 年版，第 3 页。

② 参见张士闪：《礼俗互动与中国社会研究》，载《民俗研究》2016 年第 6 期。

③ 刘铁梁：《传统乡村社会中家庭的权益与地位——黄浦江沿岸村落民俗的调查》，载《北京师范大学学报（社会科学版）》2001 年第 6 期。

三、村民口述的意义

走进村落，不仅要关注“民生”，而且要体察“民心”，感受民众生活史与心态史的双重意义。面对民众的生活与文化，传统的学术工具似乎不那么灵光了。

比如，我们在村落调查中，经常有各种各样的困惑。为什么历史上的某一事件，会频繁地被村民表述，还被表述者加上了许多的发明和创造？不仅如此，看起来离“真相”越来越远的表述，反倒经常成为后人的话题中心，并在现世生活的裹挟下发生效用，而事件本身（即所谓“真相”）倒不见得重要了。还有，为什么是历史上的这一事件而不是另一事件，频繁地被这一地方而不是另一地方的人不断关注，并“折腾”出了这样的而不是别样的传统？有果必有因，有事必有人，民间自有其文化选择与传承的机制——没有关注，就不会有表述；没有关注和表述，就不会有传统的发明和创造。

显然，前者关注的是一种文化传承的线性历史，后者则关注其内在结构逻辑，耶鲁大学教授萧凤霞试图以“结构过程”[①]涵括二者。要想真正地解惑答疑，就必须在具体的区域社会空间中将二者结合起来，关注某一传统从过去到现在的建构过程与多元指向，并特别聚焦其主体表述。这一研究模式的策略是，一种传统在不同时代留下的表述有或微或巨之别，而就在种种表述的同异之中，蕴含着区域社会发展的历史脉络与内在逻辑。因此，我们的工作首先是挖掘各种表述，然后在各种表述之间寻找关联，总结民间叙事的特征，并在此基础上还原“社会事实”，建构逻辑关系。鉴于历史上官方、知识精英与民众的互动情形驳杂不一，我们今天所见的“传统”基本上都已经历过无数次改写，只是我们难以知情罢了，因此必须保持足够的警觉。这也意味着，我们在关注传统的线性历史脉络的同时，要特别关注地方社会中人的创造能力及创造逻辑。

用这样的眼光看，民间口述材料中所谓的“随意性”，不但不应是拒绝采信的理由，反倒要视为民间叙事乃至地方生活的应有特征，为我们解读历史

① 萧凤霞：《廿载华南研究之旅》，载《清华社会学评论》2001年第1期。

提供了一种相对稳实可靠的地方逻辑。一个人(当然也包括多人)对于同一事件的不同表述,既可以是基于生活状态与交流情境不同而形成的差异,也可能是他对事件表述的不同侧面的选择,还可能是他自身“觉昨非而今是”而有所改变的结果。叙事者,既是能动的个体,又会受到国家历史进程与地方社会发展格局的影响。更重要的是,国家历史进程与地方社会发展并不是作为人类个体活动的静态背景而存在的,而是通过无数个体的能动性活动才得以实现的。个体与群体的叙事及其他行为,对于地方社会发展与国家历史进程的推动作用,至今尚难以准确估测,但在它们之间存在着至为复杂的关联与互动关系,则毫无疑问。因此,民间叙事基于村落生活而呈现出的所谓“随意性”,不但不是田野研究的绊脚石,反倒蕴含着学术进步的契机,因为这是理解村民的历史观、价值观的必由之径。

村落中的民间叙事,还会努力保持与地方志、族谱、文人著述等文字传统的一致性。比如,它们都倾向于将本地区的历史与文明传统演绎得悠久古老,竭力与上古圣贤、神灵怪异建立关联,以贴近“人杰地灵”的叙事逻辑。显然,地方社会一直在不断地重新定义和建构自身传统的神圣与伟大,只不过官方和文人的叙事多以县境为单元,村民则多以村境为指向,官民之间经常发生的“文化合谋”即在此背景下展开。这与现代婚礼上对于恋人“缘分”的演绎,电视选秀者对其生平际遇的“赋值”等现象,如出一辙。其中的关键是如何建构叙事的合理性,以感染受众,并挟以自重。由此可知,执着于对民间叙事证实或辨伪的学者,既难以理解历史,也不能洞悉民众智慧。

村落研究,是不能不将历史学与民俗学、人类学的研究方法加以综合运用的。就村落史研究的学科传统而言,历史学追求历史真相,其研究注重证实或辨伪,而民俗学、人类学则关注民众如何记忆历史,以及为什么这样记忆历史。村民的历史记忆可以是虚构的、附会的、可改变的,因为它指向的是意义。比如,在山东各地的移民传说中,潍水以西大都说是来自山西洪洞大槐树(有的强调是由河北枣强中转而来),潍水以东的胶东半岛则普遍流传着“小云南移民”的说法。虽然众口一词言之凿凿,但在历史上不可能村村如此。然而,人们还是将传说演绎为一种显赫话语,争相讲述、争论与传播。在争来说去之间,这一传说就被广阔地域的人们演绎为一种有意义的历史记忆,衍生出文化认同、精神安顿等现实意义。克拉克认为:“人类学者一向比社会学者和历史学者对于历史意义的重要性更为敏感。和'什么事实际上发生过'同样重要的,是'人们以为发生过什么样的事',以及他们视它有多么重要的。"①真正的村落研究,不仅是在为包括历史学在内的多种学科提供民众口述资料,其实还有更为重大的使命,就是挖掘和呈现民众生活实践中的文化创造及其价值建构。遗憾的是,后者至今仍为包括民俗学者在内的众多学人所轻忽。

四、以学者与村民合作的民俗志书写方式,推进当代村落研究

近年来学界劲吹"田野风",进入村落成为时尚。特别是有老建筑遗存的古村,学人更是纷至沓来。热衷于进村者,并非都出于对村落价值的珍视与对村落发展的关怀,但对村落的影响却是强大而持续的。在这一切的背后,是国家战略聚焦乡村,社会资本涌入乡村,乡村成为当代社会的"宝地"。

历史告诉我们,乡村社会的良好发展是国家长治久安的基础。不过,在此时此刻,如下追问也许并非多余:我们真正了解我们匆遽进入的乡村吗?我们所理解的、要保护的乡村文化生态是自然真实且可持续的吗?我们的意愿也是生于斯长于斯的众多父老乡亲的愿望吗?这方水土会因我们的进入而更加美好吗?须知,在"现代化发展"这一庞然大物面前,乡村自然与人文生态系统是何等脆弱,而乡村所积淀的传统智慧对于人类未来发展则弥足珍贵,任何人、任何力量都无权损之毁之。广阔的农村天地首先需要被准确认知,然后才有可能"大有作为"。面对村落,如何才能更好地认知、更深入地理解与更准确地描述呢?

就本套丛书的众多作者而论,虽然早先在博士、硕士学位论文的写作过程中,已对村落有相当了解,但受到学位论文写作时间的限制与研究能力的制约,其村落民俗志描述少有村民的内部视角。我们期望在这套丛书的写作中,通过学者与村民的深度合作,尽量多地呈现二者的不同视角,尽

① [美]克拉克(Samuel Clark):《历史人类学、历史社会学与近代欧洲的形成》,贾士蘅译,载[加]玛丽莲·西佛曼、P. H. 格里福编:《走进历史田野——历史人类学的爱尔兰史个案研究》,(台北)麦田出版股份有限公司1999年版,第386页。

量多地留存鲜活的乡土气息。

1. 对于村民的内部知识，不妄加评论，而采用现象描述的方式，呈现真实的民众心态。

初入田野者，最常见的毛病便是盲从自己的知识“先见”，乍见村落种种现象，就匆匆忙忙做类型区分和价值判断。比如，对于村民信仰活动，或要评判是否迷信，或要区分是道教还是佛教。这样的知识“先见”，其实是基于对中国社会的肤浅理解。看似荒诞不经的言行，往往背后蕴含着民众的真实心态，是解读村落心史的难得资料。本套丛书中《胡集村》一书的作者王加华，曾携初稿进村交流。村民以当地说书前惯用的几段开场白①为证据，坚持认为本村起源于春秋时期，已有 2000 多年历史。这一说法无疑是非历史的，却正反映了村民希望将本村历史拉长与神圣化的真实心态。作者最终定稿时，对此就没有予以简单地抹杀或揶揄，而是在列举地方志书中的“明初立村说”之后，呈现村民的“春秋立村说”及其依据，同时保留村民的其他说法，这无疑是确当的。

当然，在学者与村民的交流中，也会有村民揣摩学者意图而对村落内部知识加以改装，往学者这边贴靠。这既与现实生活中学者话语的强势地位有关，也表现出村民对外来话语（包括学者）的利用心态，后者尤其值得注意。一些有见识的村民，一旦察觉到学者话语有助于所在村落的“增值”，往往就会抛弃己见，欣然赞同学者的说法，甚至热心地帮助寻找证据。虽然这也是村落知识增长的一种方式，但目前却还处于不稳定状态，需要将之与村落中比较稳定的知识范畴相比照，否则，我们对村落的理解就不免浮光掠影。

2. 丛书最后特设专章“村里的人　村里的事”，附录“重要民俗资料提供者简介”与村民所用文献，以凸显村民的主体叙事视角。

“村里的人　村里的事”专章的设计，意在以词条单列的方式，突破传统村落民俗志书写的静态幻象，在以事带人的生动描述中展现村落中的特

① 胡集书会汇聚南北说书人，常用的开场白有：“道德三皇五帝，功名夏后商周，五霸七雄闹春秋，顷刻兴亡过手。”“孔夫子周游列国，子路沿门教化。柳敬亭舌战群贼，苏季子说合天下。周姬佗传流后世，古今学演教化。”“扇子一把抡枪刺棒，周庄王指点于俠。三臣五亮共一家，万朵桃花一树生下。何必左携右搭。”

色文化。要想做到这一点并不容易。如张士闪和张帅在完成《洼子村》一书初稿后，曾专门回村细读给 7 位老人听，在热烈的讨论交流中，重新审视或矫正书中的原有观点。有村民尖锐地提出，原书稿过于突出巫婆神汉、善人及其信仰活动①，应该为本村烈士、支前英雄"树碑立传"，突出"教师村"的形象，并提供了相关资料。我们据此进行调整，新增"教师村""红色记忆"两个词条，与原有的"公事总理""礼仪人家""善人"等并置相映，就明显合理多了。这一修改书稿的过程，其实是学者与村民的两种叙事风格的并置与互动的过程，由此形成的村落民俗志自然会较前丰厚许多。

重要的民俗资料提供者，通常属于村民心目中"会看事""会办事""会说话"的人，经常代表村民向外人表述"村落文化"，其话语当然也会经过其自身的选择、加工而具有个人色彩。我们需要进一步观察，大多数村民会认同他作为村落文化代言人的角色吗？不善于对外人表述的大多数村民，如何评价他的话语？学者的到访，是促成了村民对其话语的接受还是相反？这些都需要格外留心。书后所附"重要民俗资料提供者简介"，意在呈现其个人基本信息，供读者进一步了解与思考。

书后所附的村民文献，与学者所撰写的正文文本形成有趣对比。学者与村民之间，注意点不同，知识储备、思想局限有别，而对村民村事的价值预设也差异明显。比如，围绕同一个村落的民俗志表达，学者所感兴趣的是如何呈现其所理解的"村落"，往往是看了地方志、地图、家谱、碑记等以后，再去跟村民交流，有时候还会事先阅读相关论著。当今学者还会特别看重祠堂、庙宇、信仰仪式、巫婆神汉等，认为这代表了地方文化生态的完整性。对于村民而言，村落则是他们身在其中、终身归属的"家园"。曾记得在 2002 年，洼子村的几位村落精英接受村委会布置的一项任务，要向外来民俗专家介绍村落文化，他们将之分解成"村志""民俗概况""文化教育概览"三部分，分别撰文描述。显然，他们将"村落文化"理解为历史、民俗与"高层"文化（并视为本村的特色文化）等三大层面，这一分类颇有见地，对于我们今天理解村落及民众心态仍具启发性。

长久以来，中国乡村社会经过反复的礼俗教化，形成了基于农耕经济

① 张笃杰："看了这书，外人还以为洼子村就知道整天烧香拜佛呢！"张笃杰，山东省淄博市淄川区罗村镇洼子村人，长期担任中小学教师、校长，现退休在家。

的社区共享传统，它以乡村公共利益的高度共享来实现乡土社会秩序的长期稳定，以社区节庆、生活礼仪、生产互助、乡规民约、信仰仪式等民俗传统为传承载体，构建起中华文明绵延不断的社会基础，也是支撑当代中国乡村可持续发展的重要文化资源。当代学者应服务当下中国社会发展的现实需求，扎根村落，深入传统，以此为基础提炼研究方法与理论，建构田野研究的中国话语。我们这套丛书愿意在这一学术方向上进行尝试，抛砖引玉。

最后还要说明的是，这套丛书写作时间正值暑期，尽管各位作者都有博士、硕士学位论文的研究基础，但因丛书定位所强调的视角转换，需要大量的补充调查，有的干脆是返工重做。今夏大热，感谢各位作者不避酷暑，按时完成撰写任务。因时间匆遽，本套丛书不尽如人意之处，敬请读者诸君批评指正。

张士闪

2017年8月31日

前言

韩家村是山东省东部沿海地区的一个滨海村庄。它坐落在美丽的红岛上，东与青岛市区隔胶州湾相望。与山东一些著名的古村落相比，韩家村可谓名不见经传。相信早些时候，并没有多少人听说过它，也没有多少人了解它，就连本书的作者也不例外。毫不夸张地说，如果不是因为学习和工作的需要，或许我们一辈子也不会知道山东还有这样一个地方。记得刚去韩家村调查的时候，我们也一度觉得这个村子很普通，因为从外表上看，它与中国北方地区大多数村落太像了，似乎并没有什么特别之处。

然而，当频繁接触并深入了解韩家村以后，我们才发现，这个看似普通的村子其实并不像我们想象得那般简单。俗话说“靠山吃山，靠海吃海”，韩家村人正是依靠大海的力量谱写出了不凡的华章。韩家村位于胶州湾的北部，这里海水养分充足，鱼虾肥美，自古就是天然的渔场，村民利用丰富的海洋资源一度创造出发达的渔业。历史上，韩家村周围滩涂平坦而广阔，勤劳智慧的村民将之改造成大片的盐田，引水煮盐、晒盐，形成了阴岛（即红岛）地区著名的盐场。为将渔盐之利转换成直接的财富，韩家村曾组建了阴岛地区数量和规模最大的木帆船船队进行海上运输和贸易，极大促进了该村及附近地区商业经济的发展。韩家村不但具有富足的物质资源，而且也有长久、深厚的文化传统，最能彰显这种传统的便是始建于1924年并发展至今的韩家小学。在齐鲁大地上，如果说以渔盐之利为重要代表的商业文化是齐文化的体现，以耕读传家为重要代表的儒家文化是鲁文化的核心，那么我们可以很自豪地说，“渔、盐、商、读”四大文化传统在韩家村都能找到，齐鲁文化之精髓在此交相辉映。因此，韩家村独具魅力。

随着时代的发展，红岛不久将成为青岛市政府所在地，韩家村这样一个具有深厚传统的滨海村落也行将消失。这使我们感觉有责任和义务采用“村落志”的方式多方面记录下韩家村的历史与现状。为此，本书设有九章，分别从时空环境、村民生计、人生仪礼、新旧节日、信仰崇拜、手工技艺、传说故事、方言俗语和村人村事九个方面对韩家村予以描述。我们深深知道，这些内容比起村落生活本身来说，不过是冰山一角，但还是希望这有限的篇幅能较为系统地勾勒出韩家村的概貌，让外人对韩家村有一个整体的印象，为村民及其子孙留下一份关于村庄的历史记忆，这也不失为一件有意义的事。

龙　圣

2017 年 7 月

山东省地图
德州市
滨州市
东营市
烟台市
威海市
济南市
淄博市
潍坊市
聊城市
泰安市
莱芜市
青岛市
济宁市
菏泽市
临沂市
日照市
枣庄市
渤
海
黄
海
莱州湾
胶州湾
图 例
省行政中心
设区市行政中心
省界
未定省界
设区市界
比例尺 1:4 000 000
审图号：鲁SG(2017)098号
山东省国土资源厅 山东省测绘地理信息局监制 山东省地图院编制

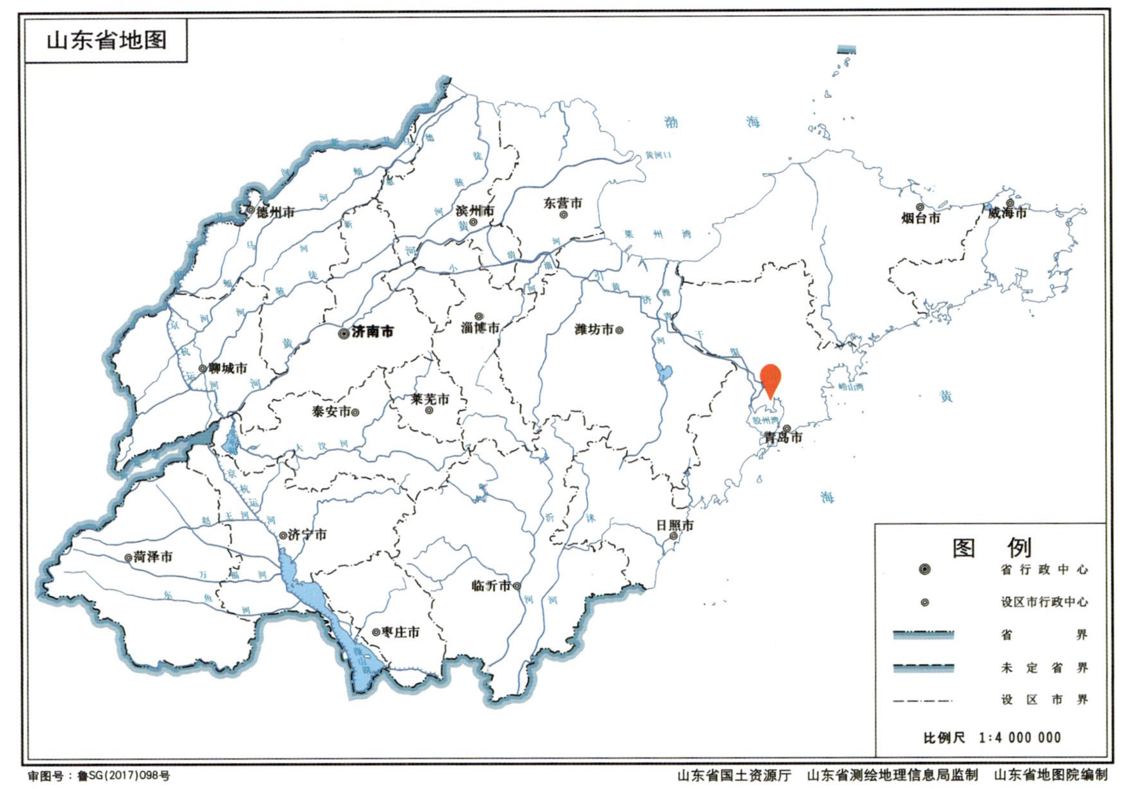

韩家村地理位置示意图

目录

第一章　走进韩家村 1

一、村落空间 1
二、民居建筑 6
三、历史演变 14

第二章　村民的生计 25

一、打　鱼 25
二、晒　盐 32
三、木帆船运输 36
四、经　商 36
五、务　农 39
六、兴办企业 45

第三章　红白喜事 49

一、"将媳妇" 49
二、生　育 56
三、"倒　头" 60
四、过生日 68
五、盖房和迁居 68

第四章　过节日　赶庙会 69

一、大　节 69
二、小　节 74
三、老人节 76

四、渔祖郎君庙会 77

第五章　神灵与祖先 84

一、灶　王 84
二、财　神 86
三、天　地 86
四、郎　君 88
五、娘　娘 90
六、关老爷 90
七、天　主 92
八、龙王、龙母 93
九、祖　先 93

第六章　手工技艺 100

一、造　船 100
二、结　网 106
三、做饽饽 112

第七章　传说故事 115

一、洪州城的由来 115
二、水淹洪州城 116
三、张郎休妻 123
四、秃尾巴老李 126
五、村名的由来 127
六、郎君庙 128
七、春盛号 130
八、翰林韩复方 131
九、韩、矫二姓打官司 133

第八章　方言俗语 135

一、方　言 135
二、谚　语 141
三、歇后语 142
四、谜　语 144
五、诗　歌 144

第九章　村里的人　村里的事 148

一、韩家小学 148

二、日寇的侵略 164
三、韩明光的地方反动武装 166
四、革命事迹 169
五、文艺队 172
六、老年人协会 174
七、韩家民俗村 177

附　录 182

一、韩家村大事记 182
二、韩家村历届支部、大队、村委会情况 198
三、重要民俗资料提供者简介 204

主要参考文献 205

后　记 207

第一章 走进韩家村

熟悉胶州湾地理的人大概都知道，胶州湾东、西、北三面分别有青岛、黄岛和红岛围绕，本书中的韩家村就位于红岛之上，隶属于青岛市红岛经济区红岛街道。红岛街道下辖 17 个社区，包括肖家、宁家、殷家、高家、宿流、观涛、东大洋、西大洋、晓阳、沟角、邵哥庄、小庄、前阳、后阳、后韩北、后韩南和前韩。韩家村，即后韩北、后韩南、前韩三个社区的总称。

从地图上看，韩家村坐落在红岛街道北部，东距胶州湾北海岸线约 3 公里，西距红岛交通主干道——岙东南路约 1.2 公里，南临胶州湾环海高速公路。假如我们从韩家村以南上高速，往东北至青岛流亭国际机场仅需 20 分钟，往东南至青岛火车北站只需 30 分钟，而往西可乘坐济青客运专线，不用 1 小时就可以到达黄岛经济区，交通十分便利。

一、村落空间

韩家村近海，海拔约 16 米，其东有大片滩涂，其西、北、南三面则是平坦而开阔的滨海平原。从地势上看，村北、村西略高，村南、村东两面稍低，雨水可从西北、东南、东北三面汇入东南部，经滩涂流入大海。不过，就整体而言，韩家村内的地势起伏非常小。在这种地形上发展起来的村落与鲁

中、鲁南的山区村落有着很大差别。山区村落大多依山而建，村内地势高低起伏，道路蜿蜒曲折，显得杂乱无章。因地形所限，这类村落的规模一般较小，有的甚至用一圈不大的围子墙就能将整个村子包裹起来，只留下一条或数条有限的道路与外界相通。与之不同，滨海地带地形开阔，这使得韩家村能有足够向外拓展的空间，因而村子的规模较大。与此同时，由于地势平坦，韩家村村内道路修建受到的局限较小，可以横平竖直、井然有序地分布，宛若棋盘一般。要在这样开阔的村落四周打上围子墙是十分困难的，所以韩家村外围没有明显的遮挡，村子东、南、西、北四面分布着很多巷口，人们能自由进入村内。因此，整个村子在空间结构上呈现出一种开放的状态。

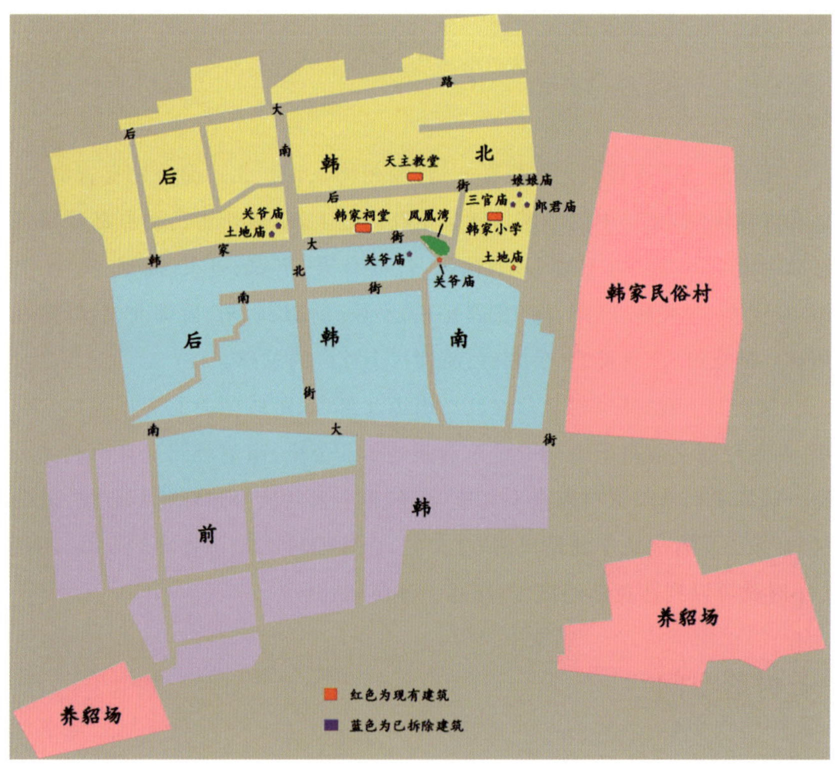

韩家村村落空间示意图(2017年绘)

今天的韩家村包括后韩北、后韩南、前韩三个社区，三者皆坐北朝南。位于村子最北端的是后韩北，居中的是后韩南，处在最南端的是前韩。三社区连在一起，东西长约700米，南北长约900米，面积大约为0.63平方公里。村内主要有5条东西向的大路，其中最北端的一条叫作“后大路”，路宽5米左右。后大路贯通整个村落，其北侧有少许沿街房屋，构成了村落的北部边界，屋后再往北即为村里的耕地。后大路往南约150米即后街，街宽4米左右。后街也是东西向，但与后大路不同的是，它从村东头向西只延伸到村子中部，并没有贯穿整个村落。后街往南约80米是韩家大街，街宽6米左右。大街自东向西横穿整个村子，既是村内最核心的道路，同时也是后韩北与后韩南的分界线。大街往北的区域即后韩北社区，往南的区域为后韩南社区。后韩大街往南约70米为南街，街宽6米左右。南街虽为东西向，但东西两头道路都没有贯穿村子。街西边在距村西大约160米处戛然而止，街东边在离村东大约170米处突然南折，变成南北巷道。南街往南大约210米为南大路，路宽10米左右。南大路贯穿整个村子，它不但是联系韩家村与周边村落的主要道路，而且也是后韩南与前韩的主要分界线。路北为后韩南，路南除部分住户属后韩南外，其余大部分都属于前韩。从后大路到南大路之间，主要是后韩北和后韩南两个社区，这片区域除有5条主要的东西向街道外，村子中部有一条叫作“南北街”的大道。它从后大路起，向南延伸到南大路，构成村中南北向的主要街道。位于南大路以南的前韩社区相对独立，社区内有6条主干道，三横三纵，呈“田”字形分布。除以上主干道外，村内小巷纵横交错，四通八达，难以尽述。

在韩家村，不同的村落空间承担着不同的生活功能。大致说来，村民的信仰生活主要集中在以韩家大街为核心的区域，经济生活则主要集中在南街附近。韩家大街不仅是村落的中心，而且一直以来，大部分的公共设施如庙宇、祠堂、学校等都沿着这条街道分布。中华人民共和国成立前，韩家村有1座郎君庙、1座海神娘娘庙、1座三官庙、1座天主教堂、2座土地庙和3座关爷庙，这些建筑均分布在韩家大街沿线或附近。其中，村东头韩家大街起点附近有郎君庙、海神娘娘庙、三官庙、土地庙和关爷庙各1座，韩家大街北侧肖家胡同对面有1座关爷庙，村西头韩家大街终点附近有关爷庙、土地庙各1座。村东韩家大街附近还有韩家小学。“文化大革命”前，韩家小学与郎君庙、娘娘庙、三官庙相邻。“文化大革命”时期，3座庙宇被推倒，其土地成了韩家小学校园的一部分。此外，1949年前，韩家大街中部还有春盛粮油行、丰盛医药铺，东部有韩

家祠堂等建筑，如今只有位于街东北侧的韩家祠堂保留了下来。在祠堂往北的后街有一座天主教堂，始建于1911年，建筑至今保存较好，但早已不再进行宗教活动，而是被改造成了村里的幼儿园。

韩家村航拍图

与韩家大街附近承担的神圣信仰功能不同，南街附近主要是为村民的经济生活服务的。据村民韩明斐回忆，1949年以前，韩家村的集市就是沿着南街分布的，但当时的集市规模较小，商品交易并非整条南街都有，主要集中在南街东边的街巷，俗称“东南街”。① 此外，据1928年铅印出版的《胶澳志》记载：“韩家庄、萧家庄均在阴岛。萧家庄集逢五、逢十为期，每集莅会人数多则千余，少则四五百。韩家庄集逢二、逢七为期，莅会人数较少，仅当萧家集之半数耳。”②由此也可看出，当时韩家村东南街上的集市规模较小，远不如该村以西的萧家集人多。尽管如此，对韩家村村民而言，东南

① 韩明斐，男，后韩家北村人。访谈时间：2017年5月28日。
② 赵琪等纂：《胶澳志》卷八《建置志·市廛》，1928年铅印本，第68页。

街就是村里集市的代名词，只要大伙儿一说起东南街，准跟买卖有关。而每逢赶集，这里也就成了村里最热闹的地方。如今，南街依然是村里的商业中心。走进南街，我们可以看到街道两旁有各种店铺，如小超市、馒头店、小餐馆、五金店、服装店、药店、理发店、手机店等。而且，南街的商贸空间已突破1949年以前的范围，逐步向街南拓展。具体而言，自南北街与南街的交叉口往南到南大路这一段南北向的街道两边以及南街的西半条街，如今布满了大大小小的店铺。由此，20世纪上半叶以南街为中心的“一”字形集市，发展至今，已变成以南街为核心的“T”字形集市。南街商业因有固定的店面而不受集期的影响，店主每天都可以开门做生意，但到了传统的“二、七”集期这天，除了这些店铺外，街道两边还会聚集更多摆摊的商贩；商品的种类也比平日更加丰富，服装、鞋帽、布匹、肉类、海产品、农具、日用百货、蔬菜、水果、面食等，应有尽有。此时，赶集的已不仅仅是本村的村民，附近肖家、小庄、前阳、后阳等村的村民也纷纷前来进行买卖。

作为滨海村落，淡水资源对于村民生活的重要性不言而喻。由于远离内陆，没有河流输送淡水，韩家村村民用水主要依靠的是井水和泉水。1949年以前，韩家村有两口水井和一口甜水泉，为村民提供生活用水。其中，最老的一口水井叫作“西井”，位于村西头，建成年代不详，但老人们都认为它是村里最早的水井。该井深8米，直径为2米。旱时水位很低，涝时水位则升高，村里有2/3的人家都吃这口井里的水。另一口水井位于南街上，叫作“南井”，因水质较差，人畜不能饮用，只能用来涮洗餐具、清洗果蔬或作其他日常清洁使用。1949年后，南井因干枯被填平，现已见不到。韩家村的东南有条大沟，沟边有一口名叫“东南漾”的泉眼出水很旺。不论天怎么旱，泉眼出水都很旺盛，而且水质也很甘甜，因此村东头及村南的部分村民都吃这口甜水泉出的水。1949年后，为了解决村民吃水的困难，韩家村组织了多次打井活动。1953年，村民在南北街的北段打出了一口井，但水质很咸，人畜无法饮用，后被填平。1970年，韩明昙带领村民在村东北打井出水，水源很旺，成了村中重要的水源。在未安装自来水以前，大多数村民都食用此井水。1985年，韩家村在村东南挖一深井，并在村西头修建水池，铺设管道，让村民喝上了干净卫生的自来水。1992年，因人口增多，韩家村又在村东南另挖一水井，水质好，可供村民饮用。

在村落主体之外，随着社会经济的不断发展，韩家村周围还发展出了一些附属空间。例如，村西南、东南分别有两个由村民承包的大型养貂场；村东有村民韩平德投资修建的民俗文化保护、发展和传承基地——韩家民俗村。

二、民居建筑

韩家村傍海而建，受当地自然环境的影响，村里的院落建筑也呈现出比较明显的滨海特色。首先，韩家村所在的红岛依山面海，中部为地势较高的丘陵山地，四周为低洼的平原、滩涂，其间有丰富的砾石、砂质黏土资源。村民依靠地利，就地取材，形成以砖石和土坯为主要建材的民居建筑。其次，由于近海，空气流动快速，韩家村一带多大风天气，尤其是夏、秋季节受强对流及热带气旋的影响，常常有大风甚至是龙卷风和台风等强风过境，因此过去村里的民居建筑一般都是比较低矮的平房。这些民居特点，鲜活地展现了村民利用自然、与自然和谐共处的生存智慧。

与山东许多地方一样，韩家村的民居院落也是传统的四合院格局。从村里现存古代、近现代及当代民居来看，不管村民贫富和社会地位如何，其四合院一般都是坐北朝南的单独院落。1949 年以前，普通人家院落布局一般包括正房三间或四间、厢房一间、厕所一间、猪圈一间。正房位于院落北侧，方向坐北朝南；厢房位于院落东侧或西侧，方向坐东朝西或坐西朝东；厕所和猪圈往往连在一起，位于院落东南角或西南角；大门位于院落南侧，与厕所和猪圈相对，在西南角或东南角；院落是一四方形的小院。贫困人家院落多只建正房两三间，其余三面围以院墙。富裕人家院落布局与普通人家相似，但房间数量较多，一般有正房五间，东西厢房各一间或各两间不等，此外还建有沿街房、书房、仓房等。个别富裕人家在正房北侧留有小院，俗称“护院”，并设有后门，可供进出。1949 年以后，韩家村的四合院基本上延续了以往的布局，但也有不同程度的变化。例如，一些院落大门依然建在南院墙上，但位置却移到了院墙的中间。此外，随着生活水平的提高和物质条件的改善，村民在对旧房进行改造或新建四合院过程中，增加了一些房屋建筑，比如东西厢房、南房等。因此，当下部分民居院落当中有正房、东西厢房、南房，形成了比较完整而封闭的四合院格局。

翻新后的清代四合院(龙圣摄)

在韩家村,1949年以前普通人家的院墙主要是用土混合碎石夯实而成的土坯墙,或是用乱石堆砌而成的石头墙,墙高2米左右。土坯墙久经风雨容易坍塌,再加之1949年以后旧院改造过程中又被拆掉一部分,因此现在村里已无完整的土坯院墙,只有极个别老旧院落还保留着部分断壁残垣。与土坯墙相比,用乱石堆砌的石头墙则要坚固得多,以至于村里的许多老院落至今仍使用的是石头院墙。1949年以前,富裕人家的院墙,则多是用比较规整的条石砌成的,不但坚固耐用,而且外观壮丽。1949年以后,村民新建院墙或者改造旧院墙多以石头砌底,在石墙基础上再砌砖墙,形成砖石混合结构的院墙,这种风格一直延续至今。

土坯院墙(龙圣摄)

石头院墙(龙圣摄)

砖石混合院墙(一)(龙圣摄)

砖石混合院墙(二)(龙圣摄)

院落大门一般开在南院墙上,靠东或靠西,大多为独立的墙垣式大门。大门顶部的横梁与院墙墙头平行,横梁上盖一"人"字形的小屋顶,或搭建一块前后比院墙宽的平檐,为大门遮风挡雨。1949 年以前,不论普通人家还是富裕人家的院门高不过墙,宽仅 1 米左右。大门由两扇木质对开的门板组成,每扇门板的宽度大约为 50 厘米。至今,村里大多数院落的大门在尺寸上依然延续着这一风格,只不过有些在材质上将木质门换成了金属门。在村民看来,院门是各家各户生活状况的外在象征,虽不一定宽大,但一定得正正直直,不能歪歪斜斜。因此,不管家庭富裕与否,村民都尽量把自家的院门修得精致和平整一些。

带有传统风格的新建四合院(韩家民俗村提供)

由于院落布局不同，我们进入院门后看到的景象也有所不同。若是院门开在东南角或西南角的传统院落，推开院门，大家首先看见的是照壁(实际上就是厢房的一面侧墙)，上面多刻一“福”字。倘若院门外与照壁正对的方向有建筑物，上面一般会贴一张红纸，上书“出门见喜”四字。院门内外，一福一喜相互呼应，寓意“出门见喜，进门得福”。绕过照壁，我们便可以进到院子中间，看见院内的正房、厢房等建筑。如果是院门开在南院墙中间的院落，则没有照壁遮挡，进门后，院内的房屋建筑便尽入眼底了。

1 米宽的院落大门(龙圣摄)

翻新后的清代民居(龙圣摄)

院落中的房屋，有的修自清代，有的建于 20 世纪上半叶，还有的是 1949 年后兴建的，在建筑材料、工艺和样式等方面呈现出不同的特点。一般来说，清代普通人家的房屋先以乱石砌基，屋基上再用乱石筑墙，石墙高约为 0.8 米。石墙之上筑土墙，墙高为 1.2 米左右。土墙以黏土为主料，以秸秆、

贝壳、木屑等物为筋骨，再用力夯实，可减少墙体崩裂的现象。土墙之上，屋顶起脊，呈三角形，以苇草打顶，名曰“草披屋”。屋前开有木棂窗，窗台位于石墙之上，有 7～9 根木棂，窗内侧砌土坑，屋后无窗。富裕人家房屋与此相似，但在细节上更为讲究，比如在土坯墙面上抹石灰；建小瓦顶或在房檐下安置 2～3 行瓦；上面披草，名为“罗汉衣”；窗棂雕花；等等。

掺杂秸秆、贝壳、木屑的墙体(龙圣摄)

苇草屋顶(龙圣摄)

建于 20 世纪上半叶的民居建筑(龙圣摄)

20 世纪上半叶，普通人家的房屋仍以乱石砌基，屋基上先用有规则的条石筑墙，墙高 1 米左右。其上再以乱石砌墙，高约 1 米。屋顶起脊，呈三角形，以瓦覆顶。房屋两侧山墙以青砖砌成。屋前、屋后均有木棂窗。前窗窗口大，但窗台高度较低，约为 1 米；后窗窗口小，但窗台较高，约为 1.7 米。不论贫富，房屋基本形制相同，但富裕人家的屋子装饰得更好。比如，在山墙墙角处砌砖垛，在山墙外侧雕刻“吉星高照”“吉祥如意”等字样，还有些不仅在山墙上刻字，而且还在字下开一扇小窗，等等。

刻有“吉星高照”的山墙(韩家民俗村提供)

1949 年后，村民建房大多在此前的建筑风格基础上加以改进。地基仍以乱石砌成，在其上用条石筑墙，高度为 0.2～1 米不等。石墙之上以砖垒墙，高度比以前的房屋稍高。屋顶起脊，呈三角形，以红瓦或青瓦盖顶。房屋前后开窗，高度与以往略同，但大都换成了玻璃窗。随着经济条件的改善，20 世纪 80 年代以后，部分村民还盖起了两层的小楼房，但一些传统的风格仍有保留，如乱石地基、条石墙等。

1949 年后的民居建筑(龙圣摄)

1949 年前，正房一般是 3～5 间，中间的屋子为堂屋。一进门，左侧是一口单灶(只有一个灶膛)，右侧是放置锅、碗、瓢、盆等炊具的地方。由于在屋内烧火做饭，其附近的墙面往往被烟熏得漆黑。平日里，堂屋正中间挂字画，如“福”“禄”“寿星”“仙鹤”等。过年时，堂屋中间则悬挂家堂轴子，用以祭祀祖先。字画之下通常设有简单的桌椅，富裕人家则摆八仙桌、太师椅，供

家人休憩和主人会客之用。堂屋左、右两边的房间为卧室，正面开窗，窗下为土炕。一家之主住右卧室，子女住左卧室。右卧室的火炕与堂屋的灶台连通，灶台烧火不仅可以做饭，而且还能热炕，一举两得。卧室两边的设置根据家庭条件而定，有钱人家的卧室两边各有一间房，用来摆放柜子、木箱、衣橱以及食盒、篮子、被子、衣物等日常生活用品。如果家中有老人，则住在厢房；老人不在了，厢房就用来放置杂物或当作客房。不论正房还是厢房，里面的装饰极少，一般就是裸露的土坯墙，讲究一点的人家也只是涂上一层石灰而已。院内的厕所和猪圈一般是用土坯或者石头垒起两个隔间，一间为厕所，另一间为猪圈。二者顶部以草覆盖，仅供遮蔽风雨，地面以下是共用的粪池。猪圈无门，厕所则多以布帘遮蔽。为图吉利，厕所和猪圈墙体朝院落的一面一般会贴上一个“福”字。总体来说，1949 年以前村民的住房条件较为落后，房屋狭小、阴暗、脏乱的情况非常普遍。

堂屋(龙圣摄)

堂屋左侧的灶台(龙圣摄)

右厢房中的火炕(李思摄)

左厢房(龙圣摄)

宽敞明亮的现代居室(韩家民俗村提供)

1949年以后,随着人们生活条件的改善,除少数老房子仍延续了以前的布局和风格外,大多数房屋的内部结构和功能都发生了较大的变化。最明显的是厨房与堂屋分离开来,被移到了东厢房、西厢房或南房(又称“倒房”),客厅的环境因此大为改善。此外,房内的装饰日益讲究,尤其是20世纪80年代以后,正房和厢房外墙水泥抹面或镶贴瓷砖、马赛克,内墙白灰抹面,房内地面水泥筑打或铺设瓷砖、大理石,木质门窗改换为铝合金、塑钢门窗等。厨房单设两套间,中无隔壁。前后门窗内外双层,外镶玻璃,内嵌纱网。室内温暖明亮。厕所、猪圈也修成了正规的瓦房,很多人家还在厕所安装了冲水装置。总之,经过改进,现在村里的新住宅普遍宽敞明亮、干净卫生。这大大改善了村民的居住环境,提升了居住的舒适度。

泰山石敢当(龙圣摄)

在韩家村,出于风水问题的考虑,村内院落房屋大体按照棋盘状分布,

尽量避免四邻八舍之间互相犯冲。但受地形、地势以及村落发展的影响，有些房屋的位置不可避免地处在理想状态之外。比如道路直冲房屋、房屋大门正对其他人家的屋山等，这样的格局在当地叫作“走投无路”“出门碰山”，寓意不佳。因此，民间围绕着这些问题也形成了相应的禁忌民俗。倘若有道路直冲房屋，那么主人家通常要在被冲犯的屋墙处设置一方“泰山石敢当”，以挡住道路的“冲撞”。若是大门正对屋山，主人家则在大门外设“泰山石敢当”，以减少大门正对屋山所带来的压抑感。

三、历史演变

（一）村落环境的变迁

从考古发掘来看，韩家村北坡地上出土过被大量贝壳填满的古墓，这说明今天的红岛地区在很早以前就有远古人类居住。但由于文献阙如，此后很长一段时期内的历史多语焉不详。直到明代，文献对红岛的记载才逐渐丰富起来。那个时候的红岛与现在有很大的不同。今天的红岛是从大陆向海洋延伸的半岛，其北部与广袤的大陆相连。但在明代，红岛却是一个孤悬于海中的岛屿，当时叫作“阴岛”。其北面与大陆分离，四面都是海水。明万历《莱州府志》记载：“阴岛，在即墨县西九十里海中。”[①]这可证明红岛在当时为孤立的海岛。不过，明代红岛北部与大陆相隔的海峡比较狭窄，而且海水不深，每当退潮过后，就会显现出滩涂，从而暂时形成一条连接大陆和岛屿的旱路。明隆庆年间，梁梦龙在巡查山东海运时便记载了这一情形：“阴岛，胶州属，船由岛前行，潮退有旱路，内为民居。”[②]这则材料不仅指出红岛与大陆之间可通过退潮后的旱路联系，也说明至少在此时已经有人在岛上定居。

明代，阴岛隶属于山东莱州府即墨县。当时，即墨县采用县下设乡、乡下设社，每乡包括若干个社，每社包括若干个村的“乡社制度”来管理基层社会，全县设有 7 乡 82 社，社下为村。据万历《即墨县志》记载：

> 里仁乡：西流社、三官社、东西城社、城阳社、北曲社、阴岛社、会海

---

① （明）龙文明等纂修：《莱州府志》卷二《山川》，明万历三十二年（1604 年）刻本，第 118 页。

② （明）梁梦龙：《海运新考》卷上《海道湾泊》，明万历刻本，第 27 页。

社、洪海社、不其社、文武社、陈家庄社。[①]

阴岛在当时叫作“阴岛社”，属于即墨县里仁乡。由此可见，明代阴岛上面不仅有人居住，而且已经有了固定的村落，所以明朝在阴岛设阴岛社，以管理岛上的若干个村落。由于年代久远以及记载不详，我们已很难得知明代阴岛社究竟包括如今红岛上的哪些村落，与之是否有直接的联系。不过，据红岛各村家族族谱记载和老人们讲述，岛上的村庄大多是在明朝初年建立的。

据清咸丰八年(1858)韩家村韩中治修《韩氏族谱》记载，明朝初年，韩氏祖先韩咸文(亦写作“显问”)从云南迁至阴岛邵哥庄定居，后经发展，韩氏一支又从邵哥庄迁出，北行五里立韩家村。如《韩氏族谱》载：

吾韩氏自云南迁即墨已四百余年矣！

……

始祖讳咸文，配杨氏，子二。自云南迁即墨西南，乡有一孤岛，名为阴岛，距城七十里，东西南三面距海，惟有北面海滩水浅，来往出入，名町邵哥庄，居住未知多少年矣！葬在邵哥庄东北后，不知几世祖北迁，距邵哥庄五里，名疃为韩家。邵哥庄坟墓东崖下今有井为志。[②]

这是目前所见最早记载阴岛韩家村村名的文献资料。由于没有更早的材料可以参考，这则资料反映的明代立韩家村的情况难以确认。不过，它至少可以表明，在作者韩中治生活的清咸丰年间，阴岛(红岛)上已有韩家村这一聚落。稍晚成书的同治《即墨县志》也可以证明这一点。清代，即墨县承袭了明代的乡社制度，在阴岛设社，管理岛屿上的村落。然而，康熙、乾隆年间所修《即墨县志》只简单记载了乡社的名称，而没有详细列出其所辖村庄的具体名称。同治《即墨县志》也是如此，但它绘制有本县的乡社图和村庄图，直观展现了阴岛社所辖村庄的情况。[③] 通过二图我们可以看出，截至清同治年间，阴岛上已有前韩家、后韩家、肖家、宁家、高家村、邵哥庄、宿流、苟家庄、小庄、赵家、大洋、小洋、东洋嘴和前东洋14个村，涵盖了今天红岛大部分的村落。最晚在这个时候，原来的一个韩家村已发展成两个村落——前

① (明)许铤等纂：《即墨县志》卷三《建置·乡社》，明万历八年(1580年)刻本，第5页。

② 韩中治：《韩氏族谱·序》，清咸丰八年(1858年)手抄本，后有补录。

③ 参见(清)林溥等纂修：《即墨县志》卷前《即墨县志图·七乡图·里仁》《即墨县志图·七乡村庄图·西南》，清同治十一年(1872年)刻本。

韩家村和后韩家村。关于两村的关系和由来，村中老人的解释是：在清顺治年间韩氏第十世时，韩姓的一支由韩家村搬至村前另立一村，称“前韩家”，原韩家村则改称“后韩家”。因此，阴岛韩家遂有前韩和后韩之分。这一解释不见于其他记载，仅是族内流传，确切与否不得而知。与此同时，我们还可以看出，至晚清时期，阴岛的北面依然与大陆分离，是一个悬于海上的岛屿，而韩家村就坐落在它的北部。村子北面和东面靠海，西面和南面朝向岛屿腹地。这时的韩家村两面临海，船只可从北面和东面进入胶州湾，是个不折不扣的滨海村落，与今天我们看到的情形有很大的不同。

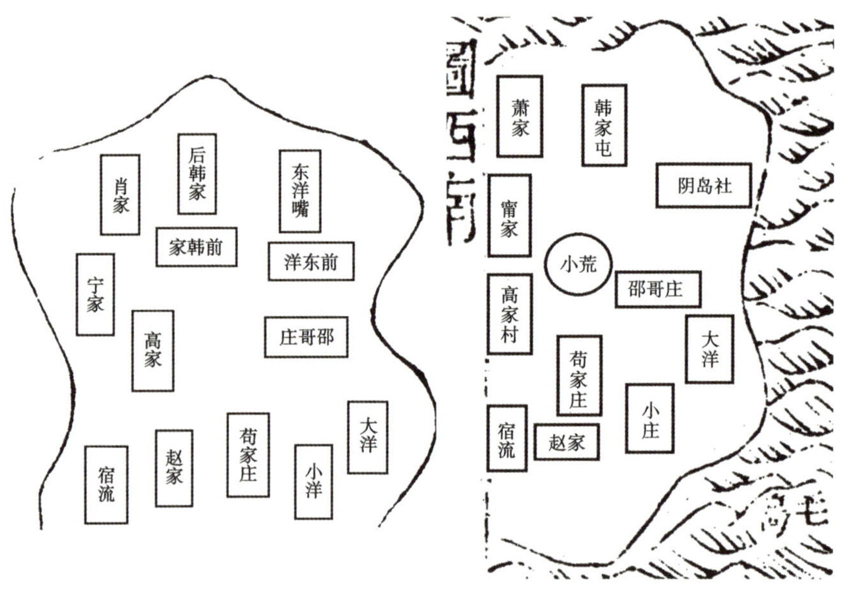

同治《即墨县志》乡社图、村庄图(局部)

光绪二十四年(1898)，德国以“巨野教案”为借口同中国签订《胶澳租界条约》，韩家村及阴岛其他村落都被划入胶澳租界内，成了德国的租借地。次年，德国在胶澳租界内划区，阴岛韩家等村被划属青岛区。1914 年，日本出兵山东，从德国手中夺取胶澳租界，从此阴岛韩家等村处在日本统治之下。直到 1922 年，日本迫于其他列强的压力才将胶澳租界交还中国。此后，北洋政府将租界改为“胶澳商埠”(1922～1929)，阴岛改属“胶澳商埠海西警察署阴岛分驻所”管辖。其下有后韩家村(即今后韩南、后韩北)、前韩家村、萧家村、宁家村、高家村、邵哥庄、西辽村(即今宿流)、苟家村(即今沟角)、小庄、西大洋村、东大洋村、小洋村(即今晓阳)、官疃(即今观涛)、殷家村、后东洋嘴(即今后阳)、前东洋嘴(即今前阳)16 个村落[①],与今天红岛的村落格局基本一致。胶澳商埠时期,韩家村附近发生了一个重大的变化,即村北环境的改变。据德国人 1898 年占领胶州湾后所测数据显示,当时阴岛的面积为 28.79 平方公里;随着沿海滩涂的不断淤积,至 1928 年阴岛的面积扩大了不少,导致其西、北两面逐渐与大陆连成一体,变成了半岛。1928 年所修《胶澳志》对这一变化有比较清晰的记载:

> 阴岛:28.79(平方公里)
>
> ……
>
> 右列面积乃商埠局财政科依据德人昔年测量之数于民国十二年译汉制表,日人田原天南著《胶州湾》一书所载面积亦同。田原固以德人之著书为蓝本也。三十年来,陵谷变迁,而阴岛之西、北两方面沙涂日涨,胶州湾之海面缩减,阴岛、黄岛往年宛在水中,今则衍为平陆,虽仍冠以岛之旧名,实则与薛家岛、团岛相类,事实上乃半岛耳。[②]

阴岛北部的变迁,导致韩家村北从此不能再通船,船只只能从村东的郎君港入海。但北面淤积的大片滩涂却成为韩家村村民从事盐业生产的重要资源。1900 年前后,村民韩高祥、韩高志等人从即墨县金口引进海水晒盐技术,先在滩涂上修建盐田,再将海水引入其中晒取海盐。随着村北淤地的日益增多,越来越多的村民将之改造成盐田,韩家村由此变成阴岛地区重要的盐产地。例如,1925 年所修《山东省志》提到阴岛地区有四大盐场,韩家村便是其中之一:"阴岛东盐场:马哥庄、后韩家;阴岛西盐场:张哥庄、赵家岭。"[③] 1929 年,青岛特别市成立后,阴岛韩家等村隶属于青岛特别市海西区。次年,青岛特别市改为青岛市,韩家等村与其隶属关系不变。至 1935 年,青岛市设阴岛区,韩家等村改隶之。1937～1945 年,阴岛属伪青岛特别市阴岛区,后改为伪阴岛乡区办事处,以韩家等村隶之。抗日战争胜利后至中华人民共和国成立前,韩家等村基本仍沿袭战前区划。

据韩明扬、韩明斐、肖相义等老人回忆,20 世纪上半叶后期,韩家村的规

---

① 赵琪等纂:《胶澳志》卷二《方舆志七·里程》,1928 年铅印本,第 41 页。

② 赵琪等纂:《胶澳志》卷二《方舆志二·面积》,1928 年铅印本,第 6 页。

③ 白眉初纂修:《山东省志》第一卷上《第六章　山东问题始末记》,1925 年抄本,第 83 页。

模比现在小。当时村子以韩家大街为中心，往北到后街，后街北侧有少许沿街的房屋，再往北就出了村子；往南到南街，南街南侧也有少许沿街房屋，再往南的地方没有人家。村东位置与现在的情况基本一致，但当时村东有郎君庙、三官庙、娘娘庙，三座庙宇东侧为郎君港古码头。郎君港是当时阴岛地区著名的盐运码头，同时也是韩家村船只进入胶州湾的唯一通道，因此对于韩家村及其渔民、盐民来说非常重要。此外，当时的村西没有今天这么远，大约只到南街的西头。在村民记忆中，韩家大街是当时村子的中心，以东北、东南、西北、西南四个角划定村落的边界，东北称“东北庄上”，东南称“东南街上”，西北称“西北楼上”，西南称“西南坝上”。这些约定俗成的概念常在当时人的日常生活中使用。比如，某人说住东南街上，即表示住在村子的东南部；说去西北楼上，就是去村西北一带。当时，前韩家村的范围也就是在“田字形”区域内。后韩和前韩的位置也不像现在这样连成一片，从南街往南一直到今天南大路的南侧，约有 300 米，中间是大片的田野。[①]

中华人民共和国成立后，随着政区、人口及社会经济等不断发展，如今的韩家村与以往相比有了较明显的变化。

首先，村落内部格局发生了显著变化，即从过去前韩、后韩二元格局发展成如今的前韩、后韩南、后韩北三元格局。1949 年 5 月 28 日，阴岛全境解放，改为即墨县阴岛区，韩家等村仍归阴岛区管辖。1961 年，后韩家分为后韩一、后韩二两个生产大队。1967 年 1 月，在“文化大革命”的影响下，阴岛改名为“红岛”，这一名称一直沿用到现在。1984 年 6 月，农村实行体制改革，红岛人民公社被撤销，红岛改设乡。同年 10 月，红岛乡撤销生产大队，设立行政村，其中后韩一大队、后韩二大队分别更名为“后韩家南村”“后韩家北村”。至此，韩家村形成前韩、后韩南、后韩北并存的格局。1991 年 1 月，红岛撤乡置镇。1994 年，红岛镇隶属青岛城阳区。2001 年 6 月，红岛撤镇设街道。2004 年 9 月 3 日，红岛街道实行村改居，后韩家北、后韩家南、前韩家三村改为三社区。2012 年 5 月 31 日，红岛经济区成立，红岛街道划归红岛经济区管辖，其下仍辖前韩、后韩南、后韩北三社区。

其次，村落空间大为拓展。据《红岛街道志》2005 年统计数据显示，经过

---

① 韩明扬，男，后韩家北村人；韩明斐，男，后韩家北村人；肖相义，男，后韩家南村人。访谈时间：2017 年 5 月 29 日。

长期发展，如今的韩家村已经发展成为一个拥有 14 个姓氏、1700 余户、5000 余人的大型村落。其中，后韩北社区有王、刘、李、赵、萧、矫、韩 7 个姓氏，计 592 户 1792 人。后韩南社区有王、刘、赵、萧、程、韩、魏 7 个姓氏，计 852 户 2410 人。前韩社区有吕、刘、陈、高、常、秦、萧、韩、滕 9 个姓氏，计 345 户 957 人。随着人口的增长，韩家村在空间上向四周扩展开来，尤以后韩家南、北两面最为明显。其北面已经超越该村 20 世纪上半叶的北部边界——后街，向北发展至后大路；其南面也突破了当时的南部边界——南街，与前韩连成了一片。因此，尽管韩家村有前韩、后韩南、后韩北三个社区，但三社区在空间上已发展成一个紧密而又庞大的整体。

最后，韩家村周边环境也有较大的改变。中华人民共和国成立后，先是 1958 年，阴岛地区实行盐田国有化，韩家村北部和东部原属该村的盐田全部收归国有，成立东风盐场。到了 1967 年，东风盐场对当地盐田进行大规模改造，韩家村郎君港以东的盐田也在改造范围内。改造后的盐田使郎君港通往胶州湾的水路变窄，现在只能通行小型渔船。

（二）基层组织的发展

1. 党组织

韩家村的党组织是在 1949 年以后才成立的，但在此前，韩家村就有陈继祥、高延芳（以上前韩家村人）、刘宗智、肖相武、刘宗宪、刘宗升（以上后韩家村人）等人加入了中国共产党，从事革命活动。

1950 年 1 月，前韩家村党支部建立，陈继峰为首任支部书记。1959 年 6 月，前韩家村生产大队成立，韩明浦、陈继祥相继任支部书记。1965 年 10 月 4 日，“四清”工作队进村，成立了“贫协委员会”，党组织活动停止。1966 年 3 月，党组织恢复，成员有书记韩明召，副书记常世民，委员韩武德、刘开祥、陈财序。“文化大革命”开始后，党组织瘫痪，组织生活停止，三年多的时间，党组织处于停顿状态。1970 年 2 月，党的核心领导小组成立，组长为韩明召。1971 年 1 月，党组织活动逐渐恢复，崂山县第二次党代会召开后，村党员选举产生了新的党支部。1984 年 9 月，农村实行体制改革，前韩大队改为前韩家村，形成了新的党支部。村支部的建制一直延续至今。

后韩家村党支部始建于 1956 年 4 月，书记为刘宗瑞。1961 年，后韩家

村生产大队分为后韩一大队、后韩二大队，分别建立了两个支部：后韩一大队支部书记为韩朝春，委员为刘宗参、刘光策、刘宗石、刘开郡、韩明雨；后韩二大队支部书记为韩明引，副书记为韩明宽。自1965年10月开展“四清运动”到1966年10月的“文化大革命”运动开始后，党组织陷入瘫痪，党员停止了组织生活，两年多的时间，党组织处于停顿状态。1970年2月，党的核心领导小组成立。1971年1月22日，党的组织活动逐渐恢复，崂山县第二次党代会召开后形成了新的党支部。1984年9月，农村实行体制改革，后韩一大队、二大队分别改为后韩家南村、后韩家北村，各建有党支部一个。村支部的建制一直延续至今。

自20世纪50年代韩家村建立党支部以来，党组织经历了漫长而艰难曲折的工作进程，并在艰苦的工作环境中不断发展壮大。党的基层组织在农村发挥了战斗堡垒作用，在上级党委正确领导下，广大党员在群众中处处起到模范带头作用，带领团结广大党员和村民勤劳致富，在改革开放的新时代取得了优异成绩。

2. 基层政权

(1)1912～1949年

1912～1949年间，韩家村实行保甲制，下设4个保，保的负责人称“保正”，其他勤杂人员称“听差的”。后设村长，驻地称“村公所”，管理社会治安、民事纠纷、租税和钱粮等。由于时间久远，当时的任职人员难以详述。据老人们回忆，前韩家村的第一任村长为陈华元，后韩家村当过保长或村长的有韩以秋、韩明理，韩温德、韩高崇等。

1943年，韩家村属阴岛第八区，设有3个保，每保设保长1人，听差1～2人。其中，前韩家村为18保；后韩家村以韩家大街为界，以南为17保，以北为16保。

1945年冬，国民党政府在基层实行保甲制度，以户为单位，10户为一甲、10甲为一保，设甲长、保长。后又设联保，联保设联保主任，并迫使村民以5户为单位遵行“联保连坐法”。一户违法，各户同办，层层强制管理民众。据载，1946～1947年，16保、17保保长分别为韩明玺、韩高楷。1947～1949年，二保保长分别为韩以启、韩明道。

另外，这一时期在村中管过事的，暂定不下具体年限的有韩以臣、韩以魏、韩以章、韩高菊、韩以模、韩以彬、刘光节、韩功德、韩高德、刘云秀、韩以安、韩明廷、韩以绍、韩高策、韩以川、赵文基、刘宗仁、韩明伦等。

(2)中华人民共和国成立初期

1949年5月,阴岛解放,改为即墨县阴岛区,区公所设在晓阳,区长为孟光田,区委书记为时光。5月27日,解放军连长葛寿祥领兵进村,韩家村解放。阴岛区党委派出一支7人组成的工作队进驻韩家村领导工作。其中,娄星楠负责前韩家村工作,王德忠负责后韩家村工作。同年7月,村政府建立。前韩家村共有122户、658人,陈继光(1949.7～1950.10)、陈继祥(1950.10～1956.4)先后任村长。后韩家村共有440户、2462人,肖相武(1949.7～1950.10)任村长。

1950年10月,后韩家村建立韩家乡,设立乡人民政府,韩英德(1950.11～1952.11)、赵茂基(1952.11～1953.10)、韩高题(1953.11～1955.11)先后担任乡长,韩顺德(1950.11～1952.11)、韩桂兰(1953.11～1956.11)先后任副乡长,韩明汉(1953.11～1955.11)任乡队长。同年11月,后韩家乡划为4个行政村(1950.11～1956.3),即一村、二村、三村、四村。韩明会(1950.11～1952.12)、韩明宽(1953.1～1956.3)先后任一村村长;王茂友(1950.11～1956.3)任二村村长,于彩香(1950.11～1956.3)任三村村长,肖相玉(1950.11～1956.3)任四村村长(也有的说是刘宗樵担任,存疑)。

1951年1月,前阳村、后阳村、前韩家村三个自然村组成阳村乡(1951.1～1956.4),乡长为高延芳(前韩村人),指导员为高会岑(前阳村人),乡大队长为陈述宝(前韩村人),乡支书为王文球(前阳村人)。

1956年11月,阳村乡和韩家乡合并为新的韩家乡,吴廷乐(1956.11～1958.9)任乡长。

(3)合作化时期

1953年5月,为响应毛主席和党中央的号召实行农业社会主义改造,把小农经济逐步改造成社会主义集体经济,走社会主义道路,前韩家村先后成立互助组,每个互助组有10余户。1954年冬至1955年春,转为2个初级农业生产合作社;1954年,后韩家村成立2个带有社会主义萌芽性质的渔民生产中级组,有10余户贫农参加,韩高詹任渔业协会主任,刘光夫、刘宗璋、刘宗浩、李廷祥为委员,刘宗文、刘宗璋担任两个渔民中级组组长。1955年秋,

在中级组基础上，后韩家村成立 9 个红旗初级农业生产合作社，简称“初级社”。二社社长为韩英德，会计为王修竹；三社社长为韩明球，会计为韩明川；四社社长为刘宗宪，会计为刘宗浩；五社社长为韩高秀，会计为韩明扬；六社社长为韩高亲，会计为韩高堂；七社社长为韩明库，会计为韩明宗；八社社长为刘宗亭，会计为肖相义；九社社长为刘宗补，会计为刘宗伦；十社社长为刘光夫，会计为刘宗启。

为加快农村经济的发展，由低级社合并为高级社，前韩家村原 2 个低级社在 1956 年 5 月并为 1 个高级社，即红旗五社，主任为孙继祥（1956.5～1958.9），委员为韩明召、高延芳，会计陈继秀，出纳会计为韩同梅，民兵连长为韩武德。同年 6 月，后韩家村原 9 个初级社转为高级社，到了秋季又合并成 2 个大社，即红旗二社、红旗三社。红旗二社社长为刘宗宪，副社长为刘宗专，会计为刘宗浩、肖相义。红旗三社社长为韩英德，副社长为韩明会，会计为王秀竹、韩秀美。

1957 年，木帆船航运运输合作社在后韩家村成立，前、后韩家村船民入社，社长是前韩家村村民韩坤德，会计是后韩家村村民韩明俊。

（4）人民公社时期

1958 年 9 月，阴岛“政社合一”的人民公社成立，撤销原红旗五社、二社、三社。1959 年 6 月，建立前韩家生产大队、后韩家生产大队，代替村的政权机构。韩明召（1959.6～1961.2）、韩武德（1962.1 上任）先后任前韩家生产大队大队长。韩明召、刘宗浩、刘宗保先后任后韩家生产大队队长。同年秋，前韩家村、后韩家村、前阳村、后阳村在后韩家村设立第二耕作区，下设 9 个连，司令部设在后韩家村。耕作区指导员为纪加峰、刘宗瑞，营长为韩明甫。

1959 年，韩家村恢复生产大队。1961 年 3 月，韩家村由即墨县划出，归崂山郊区管辖。前韩家生产大队名称不变，下设 3 个生产小队，每小队设队长、副队长、会计。同年 4 月，后韩家生产大队分为 2 个大队，即后韩一大队、后韩二大队。后韩一大队管理委员会成员有大队长刘宗葆（1961.4～1961.8）、刘宗参（1961.9～1966.1），渔业大队长刘开郡，治安主任刘光策，妇女队长韩彩香，委员韩明雨，民兵连连长韩梅德，主管会计肖相义，出纳刘宗部，保管员刘宗部，渔业会计韩明禧。后韩二大队管理委员会成员有大队长

赵守财，副大队长韩明宽，渔业大队长韩明显，委员韩英德(兼保管)，治安主任李明忠，妇女主任韩淑芬，主管会计韩明扬，渔业会计刘宗杰，出纳韩淑芹，户籍统计韩普德。后韩一大队下设10个生产小队，二大队下设8个生产小队，每个小队设有队长和会计。

(5)“文化大革命”前后

1965年10月4日，“四清”工作队进入韩家村开展社会主义教育运动，在前韩大队、后韩一大队、后韩二大队分别建立贫下中农协会，简称“贫协”。前韩家大队“贫协”主席为陈财序，副主席为陈继祥、陈继丰；后韩一大队“贫协”主席为魏济邦；后韩二大队“贫协”主席为韩明金，委员为韩明昙、韩明臣、韩高讲。从1965年10月至1966年6月，“贫协”代替了原来的行政权力机构，行使大队管理委员会的一切权力。

1966年下半年，“四清”运动过后，大队管理委员会恢复。前韩大队管理委员会成员包括大队长韩武德，渔业大队长刘宗恩，调解主任刘开祥，妇女大队长刘绪兰，主管会计韩清德，民兵连长刘开富，出纳会计刘开祥，治保主任常世民。后韩一大队管理委员会成员包括：大队长刘开郡，主管会计肖相义，渔业记账会计韩明禧，出纳会计刘宗部、韩明忭，保管员刘宗葆。

1967年2月，“文化大革命”时期成立了“抓革命、保生产”委员会。前韩大队委员会成员有主任刘开富，副主任韩武德，委员韩清德、刘开臣、陈述照，主管会计韩清德，出纳会计刘开祥。后韩一大队委员会成员有主任刘宗河，委员刘宗部、刘宗永、刘开岗，主管会计肖相义，记账韩明禧，出纳韩淑娥。

1969年3月，各大队建立革命委员会。前韩大队革命委员会主任为刘开富(1969.3～1970.12)、韩明召(1971.1～1979.3)、陈述库(1979.4～1980.12)，民兵连连长为常世民，共青团书记为刘开臣(1966.7～1972.12)、韩松德(1973.1)，主管会计为韩清德(1969.3～1971)、陈述照(1971)，妇女主任为陈瑞芸(1971)、刘美香(1975～1977)。后韩一大队革命委员会主任为刘宗河(1969.3～1970.11)、刘开郡(1970.12～1975.6)、刘宗河(1975.7～1976.7)、刘宗参(1976.8～1980.12)，会计为刘宗浩、韩明禧、韩淑娥，妇女队长为刘开花。后韩二大队革命委员会主任为韩普德，副主任为韩明宽、韩明伟，委员为韩明昙、李存忠。

1971年，后韩大队革命委员会撤销，恢复大队管委会，韩明伟任大队长，

韩权德任主管会计。此后，先后有韩平德(1973)、韩森德(1979.1～1979.6)、韩明岗(1979.7～1980.3)、韩兰德(1980.4～1982.12)、韩明伟(1983.1～1984.9)任大队长，李存忠(1973～1984.9)任主管会计。其他两个大队革命委员会撤销较晚，直到1981年1月才恢复大队管理委员会。恢复后的前韩大队管委会成员包括大队长陈述库(1981.1～1983.12)、刘宗恩(1984.1～1984.9)，委员韩明召、刘宗恩、常世民，主管会计陈述照，出纳韩香兰，民兵连长常世民，渔业大队长刘宗恩，妇女主任刘彩芬。恢复后的后韩一大队管委会成员包括大队长刘宗浩(1981.1～1984.9)，渔业大队长刘宗交，治安民兵刘开弼，妇女主任肖秀芝，主管会计韩同煜，出纳会计韩淑娥，委员刘宗潭。

(6)改革开放以来

十一届三中全会后，农村开始实行体制改革，1984年4月撤销红岛人民公社，设红岛乡。9月，撤销各大队管理委员会。10月，设行政村，前韩大队改称“前韩家村”，后韩一大队、二大队改称“后韩家南村”和“后韩家北村”，并通过全体村民选举产生了各自的村民委员会，简称“村委会”。此后，村委会的设置延续至今，仅在名称上稍有变动。

第二章 村民的生计

韩家村位于胶州湾北部、红岛的北岸，鱼盐资源十分丰富，海上交通便利，因此打鱼、晒盐、木船运输成为历史上村民最为重要的生计，由此也带动了村落商业的发展。中华人民共和国成立后，随着鱼盐生产方式的改变和农田水利的开发，韩家村传统渔业、盐业、运输业、商业逐渐衰落，农业迅速发展并成为村民主要的生活来源。改革开放以来，民办企业兴起，为村民生活提供了更多的选择。

一、打　鱼

红岛位于胶州湾北部，内陆淡水与海水在此交汇并带来丰富的微生物。因而自古以来，该岛附近的海域海产品种类繁多，肉质鲜美，是胶东地区著名的渔场。韩家村位于红岛北岸，距离海岸很近，周围海域条件良好，古时渔港和捕捞海域就在村的东头，因此打鱼成为村民最主要的生活方式和经济来源。

（一）1912 年以前

据说，最早的时候捕捞工具非常简单，渔民把木杆插进海底围成一圈，

利用涨潮、退潮的时机把鱼夹住，叫作“挡蒲”。那时也没有木帆船，渔民把木杆连在一起做成筏子，浮在海面上作业。木筏浮力和稳定性有限，只能在浅滩附近打鱼，限制了渔业的发展。经过改进，“挡蒲”变成插木杆张渔网的“幢网”，而且有了木质帆船，村民就可以到较远的海域进行捕捞，渔业变得更为兴盛。据村中老人讲述，至少在明代，红岛韩家等村渔民已普遍使用麻线编制渔网，包括小圆网、大圆网等小型围网，是胶州湾内渔民主要的网具。

(二)1912～1949 年

这一时期，韩家村渔民数量多，渔业发展兴盛。据 1937 年调查统计，韩家村(包括前韩、后韩)共有渔民 385 人。村里有大船 37 条、小船 79 条。每条大船价值为 200～400 元，每条小船价值为 100～200 元。[①] 随着青岛地区工业的发展，1912～1949 年棉线(又称“洋线”)生产和流通逐步扩大。与麻线相比，棉线更为结实和耐用，因此红岛各村渔民纷纷改用棉线结网。渔网则有元网(即“圆网”)、流网、钓网、线网(又称“丝网”)、打网、站网(也称“幢网”)、拉网 7 种。[②] 韩家村渔民主要使用的是圆网、流网和幢网。圆网以捕带鱼为主，长约 26.7 米，高约 16.7 米，纲目正方约 5 厘米，上系浮标，下坠以石，每一潮汐可下网一二十次。流网以捕春鱼、青鱼、鲥鱼为主，网长约 26.7 米，高 10 米，上系浮标，下坠以瓦，纲目正方约 4 厘米，晚上投网，次日早上收网。据统计，1937 年，韩家村有圆网 356 条，流网 29 条。[③] 每年农历三月下旬至五月中旬为渔汛期，持续大约两个月时间。韩家村渔民在此期间赴乳山渔场打鱼，每船有艄公 4 人，渔网数条不等。运气较好的话，使用圆网的渔船一季的打鱼收入为 300～

现存《永除渔航税纪念碑》碎片(龙圣摄)

---

① 参见戈秉臣:《阴岛渔区调查统计》，载《水产月刊》1937 年第 4 期。

② 参见佚名:《阴岛区渔盐农业概况调查》，载《乡村建设月刊》1933 年第 1 期;戈秉臣:《阴岛渔区调查统计》，载《水产月刊》1937 年第 4 期。

③ 参见戈秉臣:《阴岛渔区调查统计》，载《水产月刊》1937 年第 4 期。

1000 元。[1]此外，据老人回忆，1949 年以前，韩家村的幢网在当地很有名，因为只有韩家村韩姓人才能在胶州湾浅水或者滩涂海域张网，其余各村各姓不得张幢网。韩姓在胶州湾内使用幢网的海域包括尖儿山、东沟子、仰脸盖子、鳌湾、沙头、小泓、二不破子、冒岛、冒岛东、冒岛南，等等。最多时，一个渔场就有 30 条船张幢网。[2]

这一时期，由于青岛、红岛等沿海地区渔业兴盛，渔税也自然成了当时政府重要的税收来源，并多次引起当地渔民的不满和反抗。其中最大的一次反抗是 1929 年爆发的“万人抗渔税”斗争。当年，奉系军阀张宗昌任山东督军，为筹集军费，在青岛小港设立“渔航税务总局”，向山东沿海渔民征收重税，激起渔民、船民的极大愤慨。阴岛渔民、船民推选车中润、于守训、孙炳章以及韩家村韩明俭、韩高会 5 人为总代表，并联络日照、胶州、莱阳、海阳及江苏海州等地的渔民、船民上万人，举行大规模抗税斗争，停渔、停运 28 天。1929 年 7 月 29 日，数千民众乘 4000 余条船只齐集小港码头，执船篙、鱼爪钩上岸捣毁“渔航税务总局”。斗争过程中，韩家村韩明俭、韩以松、韩高连、韩明月不幸被捕，但迫于压力，当局最终释放了被捕的民众并废除了“渔航税”。此后，阴岛韩家等村渔民、船民在千佛山立永除渔航税纪念碑，以志纪念。

(三)1949～1979 年

中华人民共和国成立后，韩家村的渔业发生了较大的变化。20 世纪 50 年代初期，渔网、渔船等生产工具仍为个人所有，1955 年合作化开始后就不允许私有了。到 1958 年成立人民公社之后，渔具全部变为集体所有。同年，村里在港口建起了看海屋，派人看管渔船及网具。1959 年，水产供销站建起了收购点，韩家村渔民捕获的鱼货都交给收购站，收购站按照交售的鱼货数量供应打鱼所需的物资。经过合作化、人民公社的改造，韩家村渔业从个体生产转向集体生产，但渔业仍然为村里的主要经济来源。例如，1961 年春开始，后韩家分成 2 个大队，下设 18 个生产队，每队约有 50 户、180 人左右。土

① 参见佚名：《阴岛区渔盐农业概况调查》，载《乡村建设月刊》1933 年第 1 期。

② 参见韩明斐，男，后韩家北村人。访谈时间：2017 年 5 月 27 日。刘开香，男，前韩家村人。访谈时间：2017 年 5 月 28 日。

地按片分到生产队，每队有 150～160 亩，主要经济来源就是渔业及大船运输。大队把分到的船网工具分到各生产队，每队分到大船 1 只、中船 2 只、大圆网 1 条、幢网 30 条。后来，各生产队根据渔业劳力等实际情况，又发展了大圆网、大流网、幢网。总之，各生产队主要就是依靠这些渔业生产工具获得经济收入的。

据村民回忆，当时一条中小型渔船一般有 4 个人，包括把头、倒网、前头、腰橹，一人管一行。其中，把头在船的最后，是船只的掌舵人。他还要负责摇后橹，掌握船只前进的方向。倒网也在船的后面，主要负责渔网的整理和收放。同时，他还在船行进过程中与把头交替摇后橹，每人大约半个小时。腰橹要负责在船中间，负责摇中橹，出力最多，是船只行进的主要动力。前头位于船的前部，主要负责起锚、下锚和抛渔网等。渔船行驶到渔场后，倒网和前头负责张网，把头和腰橹通过摇橹推动渔船来协助他们张网。网张开后，网口迎着洋流，等鱼儿钻进网去大约一袋烟的工夫就开始收网。每次从张网到收网整个过程不超过半个小时。渔民一般是头午（11 点钟左右）出海，到下午涨潮时为一潮，每潮能打六七网。

1949 年以后，随着工业的发展，韩家村的渔业生产工具也有了很大变化。20 世纪 70 年代初，渔民开始采用尼龙线结网，渔网更加结实耐用。此外，国营大马力的机船用大托网过度捕捞，东海的刀鱼资源迅速枯竭，其他的鱼类也逐渐减少，韩家村渔民春天出海时用大圆网已很难打到刀鱼等鱼类了。因此，到 1967 年，韩家村及附近渔民就不再使用大圆网出海打鱼了。1968 年开始，韩家村附近有了船厂，机动船逐渐兴起。随着近海渔业资源的枯竭和机动船的出现，韩家村渔民开始了远洋作业。与此同时，为弥补刀鱼等鱼类减少造成的损失，渔民在 20 世纪 60 年代后期发明了在近海抓蛤蜊用的铁爪子，给渔业生产增加了一种新的工具。

挖蛤蜊的铁爪子（韩家民俗村摄）

胶州湾蛤蜊遍布，肉质鲜美，但不易抓捕。自从发明了新工具，两人一把爪子，每潮可抓一百二三十公斤，收入可观。

据村民韩明扬说，在20世纪50～70年代的韩家村，“渔民”与“好的待遇”画上了等号。平日里，渔民或许只是比农民稍富庶一些，繁重的体力劳动以及出海的危险使一些人望而却步。但是在生死攸关的自然灾害时期，渔民的优势明显地显现出来。渔民可以在海上尽情地吃鱼，不仅能吃饱肚子还能补充营养。对于一个家庭来说，渔民最大的好处在于有“渔民粮”，这是种地的农民所没有的。所谓“渔民粮”，是渔民在按工分分到粮食的基础上额外得到的粮食，是国家专门给渔民的补贴，以发粮票的形式供给粮食。粮票由国家发行，定额、定量且严格控制，比普通粮食更显珍贵。当时进城买粮一定要有粮票，但只有工人、城里人才有粮票，普通农民没有。因而，仅仅从持有粮票这一点就可以看出，渔民在村里的地位非同一般。1960年前后，渔民粮为每月45斤(22.5公斤)成品粮。成品粮有粗细之分。细粮包括白面、小米，粗粮包括大米、玉米、地瓜干等。其中，细粮占到所分配成品粮的70%，粗粮占30%。当时村里集体生产的粮食70%按人口分配，其余按照工分分配。农民轧(种)一季庄稼分一次粮食，一年下来能得到150公斤干粮就很好了，而且多数是地瓜、玉米这些粗粮。渔民们出海带点粗粮，肚子饿了就吃鱼，剩下的细粮留给家里的老人、孩子。因此，一户人家只要有一个渔民，全家人都能沾光。在大多数人吃不饱的情况下，每月45斤的渔民粮则让许多渔民家庭得以生存下去。除了有渔民粮之外，渔民还享受最高工分。在地里干活的男劳力一天10个工分，妇女8个工分，而渔民却与村干部一样拿十二三个工分。另外，渔民每两年还可以领到一次白布和豆油，供其自制雨衣。渔民把豆油熬成浓稠的胶状，然后均匀涂抹在白布上。这种布晒干以后不透水，可以放在船上遮风挡雨。

渔民优厚的福利使村里的男劳力都想出海，但是有限的船只限制了渔民的人数，不是所有人都能成为渔民。渔民的工作成为稀缺资源，由大队负责分配。大队挑选渔民有两条原则：一是家里有海外关系的不允许干渔民，二是成分不好的不允许干渔民。当时所谓“海外关系”主要指在台湾、香港等地有亲戚的人家，“成分不好”的是指“地、富、反、右、坏”的家庭出身。除以上两条原则，大队里选渔民主要是“照顾”。照顾的意义在于平均分配渔民资

源。每户人家的男劳力数量不等，大队尽量保持一户人家有一个渔民，以使村里大部分家庭都能享受到渔民福利。因而，这一时期村里打鱼的青壮年劳力较多，在耕地不足、粮食短缺情况下，凸显出渔业对于韩家村村民生存的重要性。

(四)1979 年以来

1981 年，农村实行联产承包制，土地分配到户，渔业生产工具也承包到户，渔民的生产积极性提高，经济收入也有了相应的增长。但就整体而言，韩家村的渔业已不如从前兴盛了。

首先，经过多年的过度捕捞，附近传统渔区的资源逐渐枯竭。据村民韩明扬回忆，1956 年他刚开始打鱼那会儿，海阳乳山渔区的渔业资源还特别丰富。每年春天出海打鱼，过了端午就回来，每次大约有 2 个月时间，能捕获约 1500 公斤很宽的大刀鱼，其他海类如大鲅鱼、对虾数量也很多。改革开放后，渔具进一步更新，渔网采用聚乙烯线(PE)编织，更加坚固耐用，而且成本很低；渔船也都成了机动船，可以远洋作业。又因为过度捕捞，传统渔区的鱼类资源越来越少。到现在，胶州湾原有的一些鱼虾都已经绝种，很难见到。比如大对虾，如今市场上已基本没有野生的了，都是由人工养殖的。

渔民在胶州湾打鱼(韩家民俗村提供)

再如蛤蜊，20 世纪 80 年代土地承包到户以后，韩家村及附近渔民都热衷于抓捕，而且还使用了一种名为“老牛网”的渔具，抓捕量高，获利也多。据村民韩明扬回忆，1987 年前后，最大的蛤蜊肉 5 毛钱一斤。韩家村及附近渔民捕到蛤蜊后，把肉取出来，然后韩明扬就到渔民家里去收购。一般旺季每天能收到 1000 多公斤。第二天早晨，崂山冷藏厂再派车运走他收购的蛤蜊，经过加工后再出口到日本、韩国。最多的时候，韩明扬一天能赚到 600 多元钱，少的时候一天也能挣到四五十元，一年下来能赚 2 万多元钱。由于获利丰厚，村里收购蛤蜊的也从韩明扬 1 家发展到了 4 家。但好景不长，仅仅过了两年，因为过度捕捞，周边蛤蜊数量剧减，像沧口门、冒岛东、女姑山前、孤山西、南沙这些地方后来基本上没有蛤蜊了，即使有产量也很低。因此，韩明扬干了两年便不得不放弃收购蛤蜊的营生。

为解决海产品减少的问题，自 1988 年开始，红岛镇政府将近海浅滩划分给各村，村委将分到的浅滩承包给个人搞滩涂养殖，养蛤蜊、海蛎子、蛤子等。其中，后韩家北村分配到滩涂 75 亩，村委承包给 5 户村民，要求每户每年上交承包费 1.5 万元。1991 年，镇政府又在大沙北划出 220 亩滩涂给后韩家北村，承包给了村民，承包期为 6 年，承包费共为 15 万元。承包户去南方引进蛤蜊苗、蛎子苗，放在海里养殖。1995～2000年，渔民给养滩户出滩，抓 1 公斤蛤蜊给 2 元或 1.6 元钱，养滩户再把蛤蜊集中送到加工厂加工出口。从经济收入来看，少数人经营滩涂养殖，收入高，而抓蛤蜊的渔民收入却比以前降低了。以前红岛的蛤蜊、蛎子很有名，特别是宿流西头的蛤蜊、黄澜、蛎子肉质鲜美，在过去也不过是极普通的酒肴，而现在却已成为贵重货品，价格很高，市场上也很少见到了。为保护胶州湾海域的鱼类，2008 年前后，国家规定农历六七月鱼类繁殖期内，禁止渔民出海打鱼。后来，国家又将时间延长一个月，规定农历六、七、八三个月为禁渔期。禁渔期内，如果渔民不出海，政府还会给予一部分补贴。

其次，改革开放以来，渔民的数越来越少，很多人改行去干了其他的营生。原因主要是渔业利润越来越少。随着附近渔业资源的枯竭，小渔船近海作业日益困难，必须去远海捕捞，而油价等出海成本在不断提高，获利甚微，所以很多渔民纷纷改行，不再从事打鱼的行当。由于风险大，获利少，环

境差，村里的年轻人对打鱼这一传统生计更是敬而远之，一般都去外边打工了。韩家村渔业正面临着后继无人的尴尬境地。

村民在加工蛤蜊（俞理婷摄）

二、晒　盐

胶州湾早期的盐业生产以掘井煮盐为主，直到近代才开始晒盐。据说，阴岛的晒盐技术是韩家村人引进的。1900 年，韩家村村民韩高祥、韩高志等人在即墨金口学习修盐田晒盐的技术，回乡后在韩家村郎君港建成 1 付斗（约占地 1.3 公顷）晒海水制卤取盐的盐池——庙东头盐场，成为胶州湾内大规模建池晒盐的先驱。

（一）1912～1949 年

韩高祥兄弟三人的创新带动了肖家、马哥庄等周边村民修建盐田。至 1912 年，韩家村所在的阴岛周围盐田已有 900 多付斗（约占地 1200 公顷），年产盐六七十万担（约合 3500 万公斤），多数运往朝鲜及香港、海参崴（符拉迪沃斯托克）等地。1913 年，阴岛出口的盐达到 460 万担，平均每吨 5～10 元。遗憾的是，阴岛刚刚兴起的盐业不久便因德国、日本的轮番侵占而陷入困境。1914～1922 年，日本第一次侵占青岛期间，日本人大肆掠夺胶州湾的盐业资源，平均每年从阴岛、沧口、四方、小港、大港、湖岛、毛岛、台西、女姑等地盐田掠夺原盐达 150 余万担，其中阴岛占 70 万担。[①]

1922 年，中国从日本手中收回青岛主权，并于 1923 年底成立了青岛盐务稽核支所、青岛运副公署和青岛盐务缉私警长办事处，管理青岛的盐政、产销和缉私护税工作。后韩家盐区是当时所设的 12 盐区之一。同年，棘洪滩、马哥庄、阴岛一带的盐民爆发了大规模的请愿活动。先是 1922 年日方与中方签约规定，自 1923 年后的 15 年间，日本每年购买青岛食盐 100 万～350 万担，但日本 1923 年仅收购了 14.6 万担，1924～1925 年则粒盐未购，导致胶澳盐场存盐堆积如山，盐民、盐商生计无着。与此同时，中国政府收回日本人经营的青岛盐场，并承包给盐商丁敬臣等创办的青岛永裕盐业公司统一经营，引起盐民的不满。1924 年，下崖村盐民孙毓章等人联合棘洪滩、马哥庄、阴岛一带的盐户，组成胶澳民户盐田联合会，要求取消青盐输出包办，开通青盐销路，以济盐民困苦。未果，胶澳盐民遂组织起来在青岛游行，并赴胶澳商埠督办公署请愿，之后又捣毁永裕盐业公司，殴伤丁敬臣。[②] 同年 9 月，又有崂山、即墨、莱阳等 300 多盐民请愿，沿途散发传单，反对包办盐务输出。韩家村盐户选出韩高温等人为代表，参加请愿活动。此后，政府允许个人从事盐业生产和运输，并向盐户颁发执照，没有执照从事生产与运输都属于非法行为。

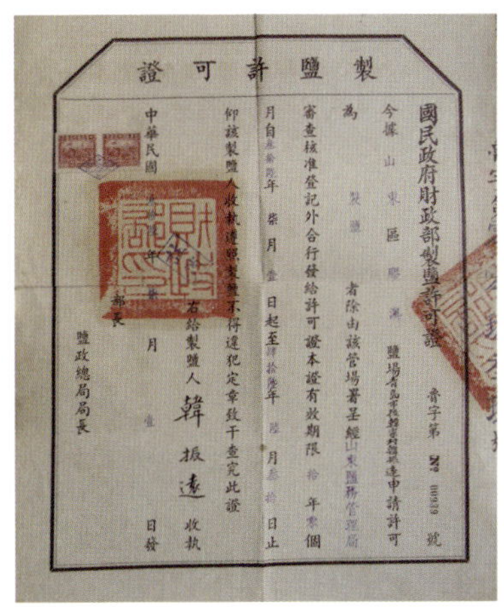
製鹽許可證
國民政府財政部製鹽許可證 字第 號
今據山東區膠澳 鹽場 申請許可
為 者除由該管場署呈經山東鹽務管理局
審查核准登記外合行發給許可證本證有效期限 拾 年 個
月自 年 月 日起至 年 月 日止
仰該製鹽人收執遵照製鹽不得違犯定章致干查究此證
右給製鹽人 韓振遠 收執
中華民國 年 月 日發
部長
鹽政總局局長

韩家村的制盐许可证（1947 年）（龙圣摄）

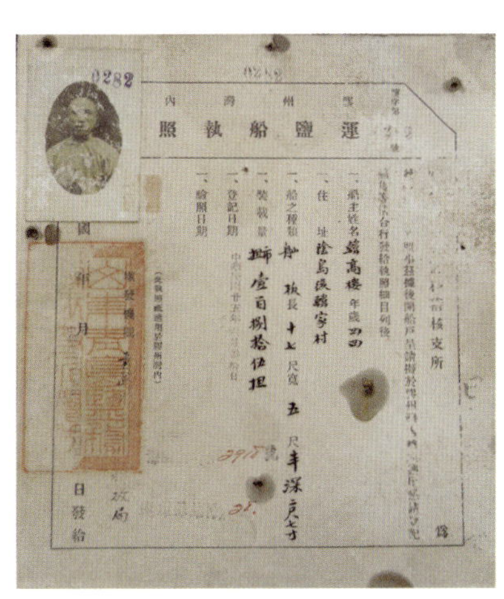
運鹽船執照
一、船主姓名 韓高樓 年歲
一、住址 陰島後韓家村
一、船之種類 板長 十七 尺寬 五 尺半深
一、裝載量 百捌拾伍担
一、登記日期
一、驗照日期
支所

韩家村运盐船执照（1936 年）（龙圣摄）

① 赵琪等纂：《胶澳志》卷五《食货志四・盐业》，1928 年铅印本，第 37～38 页。
② 赵琪等纂：《胶澳志》卷十二《大事记》，1928 年铅印本，第 22 页。

1930年，胶州湾发生大海啸，海水冲毁盐田土地，民生涂炭，胶澳盐业联合会会长万某以盐户不缴会费为由，派丁勇抢夺盐民财产。这一举动激起民愤，后韩家村盐民共推韩以江、韩高温二人赶赴济南，向时任山东省政府主席的韩复榘告状，官司胜诉。万某遂返还盐民财产，请客道歉。1922～1937年，韩家村的盐业发展迅速。据记载，1937年前，韩家、后韩家分别有盐田55付斗(约73.3公顷)、95付斗(约126.7公顷)。[①] 盐田每付斗占地大约20亩(每付斗有池42个，占地约1.3公顷)，价值为100～1000元。晒盐每年分为两季，上季是从农历正月十五至六月十五，下季是从农历六月十五至十月十五。上季白昼多逢晴天，产盐较多。一般每付斗盐田每日可出盐1～3吨，但遇天气阴雨则无出产，平均每季产40～140吨。每吨值5洋元，总收入为200～700元。[②] 截至1937年，前韩家有盐户10户，每年纯收益为5000元；后韩家有盐户112户，每年纯收益为56640元。[③] 盐业收益是当时村民重要的经济来源。

1938～1945年，伪山东盐务局驻青岛办事处和山东盐业株式会社在后韩家村设盐务所，管辖阴岛地区的盐务。

(二)1949年后

自青岛解放后，中国共产党和人民政府接收了南京国民政府山东省盐务管理局及其下属的15个单位，正式成立青岛市盐务局，下设后韩家、马哥庄等7个盐务所。后韩家的盐务所位于村西，是盐务局派出驻扎在沿海盐场地区的盐务管理机构，工作人员大都是青岛解放时的进城干部。为稳定社会经济秩序，20世纪50年代初，韩家等村的盐田仍属私人所有，并未收归集体或者国家。当时韩家村大约有盐户55户、盐工200多名、盐田127付斗(约占地169.3公顷)，分布在韩家村附近的海滩上。由于地形限制，各家的盐田并不连在一起，而是这一块那一块地分布着。1955年夏季盐业改革，韩家村以原来的127付斗盐田为基础，成立了盐业合作社，取名“红旗一社”“红旗二社”，集体经营盐业。合作社生产的盐主要销往青岛，

---

① 戈秉臣:《阴岛渔区调查统计》，载《水产月刊》1937年第4期。
② 佚名:《阴岛区渔盐农业概况调查》，载《乡村建设月刊》1933年第1期。
③ 戈秉臣:《阴岛渔区调查统计》，载《水产月刊》1937年第4期。

每年社里选出一名盐业代表，前往青岛结算当年的卖盐收入。1959年，韩家村全部盐田收为国有，从事盐业劳动的七八十名社员转为国营盐场工人。按照当时晒盐的人力计算，1付斗盐田至少需要2人生产，127付斗需要大约300名盐工才能满足生产需要，因此除了转为工人的社员外，国营盐场还招了一批盐工。当时盐工的工作很辛苦，被称为“下大力的”。但国营盐场的待遇好，而且能转成非农业户口，也算是个抢手的职业。由于名额有限，当时进国营盐场当工人还得看出身。一般贫下中农家里有多余劳动力，所以进入国营盐场干活儿的比较多。

捞盐(韩家民俗村提供)

1949年后，韩家村仍然沿用传统的晒盐法。首先是挖壕沟，把海水引进盐场。壕沟旁边建有一较大的长方形池子，池子边上装有水车，2名盐工通过水车把海水从壕沟舀到大池子里，形成巨大的池水，叫作“大荒水”。大荒水是最初级的卤水，相对浓度最低，大约只有10度，不能结晶成盐(要结晶成盐，卤水浓度必须达到23度)。为提高浓度，荒水池一侧建有4个并排的盐池，盐池底部略比荒水池底部低洼，以保证大荒水可从荒水池流向盐池。当荒水池的水晒到一定浓度后，就将其放入盐池继续晒，以提高卤水的浓度。第一排盐池以下再继续建第二排、第三排、第四排、第五排、第六排盐池，每排都有4个池子，而且每排池子的底部都比上一排池子底部低洼，使卤水可从最上排的池子依次往下，流入最下排的池子里。卤水

的浓度也会逐排增高，到第六排时最高，但一般到第五、六排时，池子里已经结晶成盐。如果天气好，从大荒水开始逐排放水晒盐，大约4天就能结晶出盐。若天气特别好，第三、四排池子也能出盐。出盐后，盐工就下盐田捞盐。盐台紧挨着第六排池子，台子很高，高于地面。盐工用筐子将捞出的盐抬到盐台上，并堆成堆保存起来。如果遇到雨天，下雨之前就用苇子把盐堆严密地盖住，避免受到雨水的冲刷。

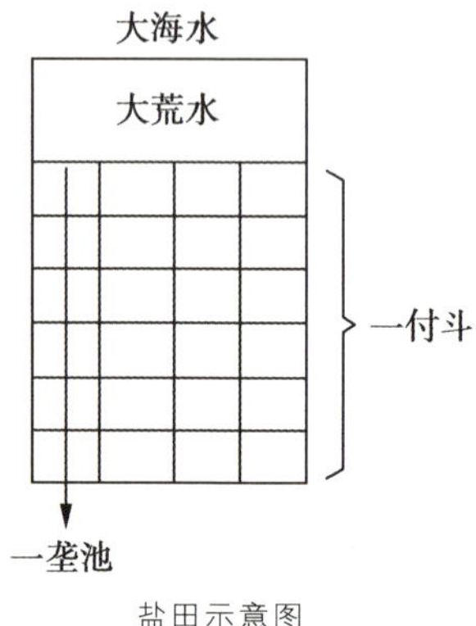

盐田示意图

按照当地习惯，第一排到第六排的6个盐池叫作“一垄池”，由于每排有4个池子，所以有4垄池，4垄池即为1付斗。每付斗盐的生产工作至少需要2人完成，包括舀水、捞盐、抬盐等。一般年成，每付斗年产盐在150吨上下，127付斗一年可产原盐2万吨。生产的原盐从盐场运到青岛的六号码头，再运往日本。胶州湾盐很出名，1949年以后若干年，日本都指名要胶州湾产的盐。

三、木帆船运输

木帆船运输是韩家村人致富的一大经济来源。1949年以前，仅仅是后韩家村就有能装载10～30吨的大型木帆船50余艘，为当时胶州湾内规模最大的运输船队，常年在山东沿海地区运载货物。

1958年，政府将后韩家大木帆船43艘收归国有，并成立了青岛木帆船运输有限公司。后韩家村船长韩高尚（字子义）担任业务总经理。20世纪60年代后期，机帆船的逐步普及，后韩家村大木帆船队全部消失，木船运输作为一种生计手段退出了历史舞台。

四、经　商

位于阴岛北岸的韩家村，地理位置优越，交通条件便利。村东的郎君港是阴岛主要的盐运码头，阴岛各村盛产的海盐大部分从这里经过，运往青岛，出口海外。隔壁的后阳村则是主要的海产码头，渔民捕捞的鱼、虾、蛤蜊等都从这里向外输出到附近地区。优越的地理位置、发达的运输业，促进了当地的商品流通和交换。在向外输出渔盐的同时，韩家村的船只也从外地带来了丰富的物资，满足了村民的日常生活需要，不仅大大加强了韩家村与外界的联系，而且也刺激了韩家村商业的发展，涌现出一批经商的村民和商铺。

据文献记载和村民回忆，1949 年以前，韩家村内就有 20 多家有字号的商家，包括春盛、丰盛、馥香斋、顺祥茂、福生东、春和泰、德隆、新记堂等。

春盛，位于后韩家村大街中部，由村民韩中泮于 1862 年创办，是一家粮油行，主要经营粮食和油，兼营竹木、杂货等。此外，该商号还跑运输，有大船往返于江苏、弓口、潮河等地，营业至 1951 年停业。

丰盛，位于后韩家村大街中部，由村民韩潇全于 1868 年创办，是一间为村民问诊疗病、开方售药的医药铺，兼营红白喜事用的物品，如冠轿、棺罩等，营业至 1951 年停业。

馥香斋，是后韩家村里的点心铺，由村民韩高熙于 1930 年创办，主要经营自己制作的桃酥、烩饼、油条等，营业至 1951 年停业。

顺祥茂，位于后韩家村基督教堂内，是由牧师韩高仁（绰号“老八”）于 1931 年创办的茶庄，主要经营茶叶、品饮，兼营各种壁画以及体现胶东地区浓厚民俗风情的年画。

福生东，是由后韩家村村民韩明喜于 1932 年在村东创办的酒肆，主要经营别具阴岛特色的各种菜肴、酒类、饭食，营业至 1951 年停业。

春和泰，是一家百货店，由后韩家村村民韩明慎于 1933 年在村中创办。1949 年前，该店主要经营烟、酒、糖、茶等土特产品；1949 年后，该店成为政府认定的烟酒专营店，营业至 1958 年停业。

德隆，起初为一家西药铺，后来主要经营烟、酒。

新记堂，主要经营炉包、烩饼以及各种点心、糖果。

除以上商号、店铺外，村里几户贫穷人家为了挣些微薄的收入，会在春、冬两季制作和销售豆腐、豆皮、馒头、烧饼等食品。

在渔盐业、运输业的推动下，个别村民还把经商活动扩大到了村外。例

如1929年，韩鹏山在青岛的中山路创办了永盛钱庄，主要经营存钱、贷钱，兼营典当，经营至1943年停业。1936年，村民韩高瑞在青岛小港一路创办瑞昌隆鱼行，经营各种海产品以及与打鱼有关的物品，营业至1951年停业。此外，村里还有部分大船到外地搞运输，比如从海阳县、乳山县等地贩运粮食、花生米、白菜、萝卜、豆油及竹木、杂货等物资。

韩家村人把商铺开到了青岛市区，体现了韩家村商业发展鼎盛时期的辉煌，这一直为村民津津乐道。而对韩家村村民的日常生活影响最大的商铺却是春盛粮油行。后韩家村人韩中泮于清同治壬戌年(1862年)创建春盛粮油行，家有船队来往于南方。彼时尚无盐田，韩中泮把煮盐所得盐砖以及干、咸海产品等运出，运回粮油、造船材料及渔网原料等，如桐油、木料、棉花。与此同时，他带回大量图书并在家中建藏书屋，供族中子弟学习及村中塾学教学使用。韩中泮的粮油行与民众日常生活、生产息息相关，他所在的韩氏支系继胜支族人在韩家村更是富甲一方，能人辈出。时至今日，村民仍以当时的商号称呼继胜族人，作“春盛某某”。

复原后的春盛粮油行(龙圣摄)

1951年后，韩家村的商铺逐渐停业。此后，随着社会主义“三大改造”的进行，生产资料私有制转变为社会主义公有制，个人经商不被允许，韩家村商业的辉煌一去不返。1967年，韩家村的盐田大规模改造，郎君港也在改造

范围之内，被统一规划。从此，辉煌一时的郎君港与各式各样的商铺逐渐淡出人们的视野，成为一种记忆。

五、务　农

尽管韩家村位于海岛上，以渔业和盐业为主要经济来源，但它的生存和发展仍然脱离不了农业，务农也一直是村民最基本的营生。尤其是中华人民共和国成立以后，随着渔业、盐业、运输业、商业的衰落和农田水利建设的开发，韩家村农业得到了快速发展。

（一）1912～1949 年

这一时期，韩家村土地归私人所有，可以自由买卖。当时苛捐杂税多，贫穷人家收入有限，生活极其贫困，吃不饱饭，穿不上衣，在取借无门的情况下，只得将自家的土地卖掉以交纳苛捐杂税。因此，大部分土地掌握在富人手里，贫困人家只有少量的劣质土地甚至没有土地。据记载，中华人民共和国成立前，韩家村土地总面积约为 2650 亩，其中可耕地为 2400 亩，草场荒滩为 250 亩。全村总人口为 2500 名。其中，地主、富农有 49 户，人均占地 3.4 亩。中农有 80 户，贫农有 371 户，人均占地 0.15 亩。地主、富农家的地都是好地，土质好，产量高，而穷人家的土地大都是劣质的山岭地、盐碱地，产量低。那些少地或者没地的村民为了养家糊口，只能租种财主的土地，每年交纳地租。还有部分没有地种的劳力，只好给富人家打短工、扛长活，靠出卖劳力来养活一家老小。1937～1949 年，村里部分穷苦的农民还到青岛六号码头扛包、抬盐、出苦力，但只能勉强挣口饭吃。总之，村民贫富悬殊。

1949 年以前，韩家村村民主要种植的农作物有小麦、大麦、谷子、高粱、大豆和地瓜，但是富裕人家与贫苦人家种植的作物存在差异。富裕人家多种小麦、谷子、大麦，少部分种地瓜；贫苦人家多数种春地瓜、大麦。因为春地瓜产量高，大麦成熟早，可以早收接续并维持生活。在农业生产工具方面，锄头用以除草，镰刀用以收获高秆作物。锄、镰、锨、镢是当时村民普遍使用的农业工具。富裕人家土地多，用牲畜拉木犁耕种，用牲畜拉木轮车运输；贫苦农民土地少，养不起牲畜，只能用镢头刨地下种或用人拉着抬犁

耕种，用人力拉木轮车运输。1949 年以前，韩家村农民种地是靠天吃饭，一旦遇到旱涝、病虫灾害，只能听天由命，因此农作物产量普遍较低。

(二)1949 年后

1. 土地制度

1949 年冬，土地改革工作队负责人张锡庆进驻韩家村，领导和开展了第一次土地改革运动，没收地主的大部分土地，分给贫雇农，使他们的生活有了保障。1950 年 6 月，中央人民政府颁布《中华人民共和国土地改革法》，在全国范围内开展土地改革运动。于是，韩家村在土改工作队队长詹玉喜、王德中的领导下，于 1951 年秋冬开展了第二次土地改革。这次土地改革划出地主、富农 49 户，按照全村总人口的土地平均数和其家庭人口数分配给他们土地，多余的土地分给贫雇农。分到土地、房屋的贫农，国家颁发土地、房屋所有证，地权归国家所有，使用权归个人，禁止个人买卖土地。

1955～1956 年春，在全国农业合作化的高潮中，韩家村成立了初级农业合作社，土地、生产工具、牲畜、船只等生产资料作价入股，归集体所有。土地统一耕作，收入按劳分配，多劳多得。总的来看，人们走集体化共同富裕道路的积极性被调动了起来，比如全体社员在生产劳动中喜气洋洋、争先恐后，充分体现了建设美好家园的积极性。1956 年 5 月，前韩家村原 2 个低级社合并为 1 个高级社，即“红旗五社”。同年 6 月，后韩家村原 9 个初级社转为高级社，到了秋季又合并成 2 个，即“红旗二社”“红旗三社”。土地归高级社所有。

1958 年秋，阴岛人民公社成立，韩家村土地划归公社集体所有，分片成立耕作区，打破村界，以耕作区为单位，集中劳力统一耕作。前韩家、后韩家、后阳村、前阳村同属韩家耕作区，原各村的村干部也互相调动。为适应形势，生产组织军事化，韩家耕作区下设 7 个连队。在同年秋大炼钢铁的运动中，韩家村组织 100 多名劳力到肖家村东筑起土高炉，又抽调 200 多名劳力去莱西县运输矿石，返回后再组织百余劳力日夜大炼钢铁。在农业生产上，韩家耕作区搞大兵团作战，统一行动，平整土地，摊平坟墓，同时还抽调 50 名劳力到南泉协同作战，突击种小麦和修挖水库，历经一个半月才返回本村。由于劳力被大量用于大炼钢铁和支援外地生产而耽误了秋收，因此大

片地瓜冻在地里，粮食收入损失过半。为适应“大跃进”的需要，韩家耕作区要求各家各户停炊，成立公共食堂，男女老少到食堂领饭就餐。从1958年冬到1960年两年多的时间，农业生产连续遭受自然灾害，粮食收成大幅下降，社员生活困难，每人每天只能吃上几片地瓜干。由于严重营养不良，许多社员出现长时间水肿，部分人则永远离开了人世。到1960年冬，大锅饭的象征——公共食堂，不得不撤销，恢复各家各户自己开餐的传统。与此同时，民主补课运动开始，原耕作区干部纷纷下台。

1961年春，由于三年自然灾害的影响，政府号召生产救灾，恢复农业生产。韩家村耕作区被撤销，韩家村分成后韩一大队、二大队，土地划归各大队耕种。其中，后韩二大队下设8个生产队，土地分配给8个生产队。在生产自救的重要年代，从公社到生产大队，全体干部都深入各生产队，组织和带领广大社员群众搞生产。首先是有计划地搞好集体生产，再鼓励社员管理好自留地、饲料地，提倡开荒造地，房前屋后见缝插针，粮食、蔬菜、瓜果齐下种。经过大半年的努力，成效逐步显现，社员开始走出生活困苦的境地。从1956年初级社到人民公社，劳力使用都由集体统一安排，实行劳动工分制，按照出勤和评定的工分，记工划分，参加集体经济分配。这一分配办法从1956年一直延续到1981年。

1981年，随着我国农村家庭联产承包制的推行，韩家村把土地承包给个人，大大提高了农民生产的积极性。

2. 农作物

1949年以后，韩家村种植的农作物主要有小麦、大麦、谷子、大豆、玉米、高粱、地瓜、萝卜等。随着农业技术的发展和新品种的不断出现，韩家村的农作物品种也经历了多次更新换代。以下是小麦、地瓜、玉米三种主要粮食作物的更新换代情况。

1949～1956年，韩家村种植的小麦品种有红光头、扁穗。1956～1963年，引入碧蚂1号、碧蚂4号、蚰子麦、辉县红、济南2号。1963～1974年，韩家村主要引进并推广了省内新育成的良种济南8号、济南9号。这一时期人们扩大了小麦种植面积，小麦单产由原来的110公斤提高到164.5公斤。1975～1982年，小麦品种引进较多，主要以蚰包麦种、中肥水的泰山1号代替了抗病性较低的济南8号、济南9号。从1983年开始，由于水肥等条件得

到较大改善，逐渐以济南13号和山农辐63号代替了原有的品种，并引种了科红1号等抗旱耐病的小麦品种。

地瓜在韩家村种植历史较长，1949年以来，大致更换了三次。1949～1966年广泛推广种植胜利百号。1960年以前，胜利百号的种植面积约为地瓜种植面积的80%以上。1966～1974年，村民大量引进遗字138、烟薯1号、烟薯3号、一窝红等新品种，但主栽品种仍为胜利百号。1975年开始，先后推广青农2号、济薯1号、济薯5号、青农11号、丰收白等品种，其中以青农2号、济薯1号种植面积最大、时间最长。

收获地瓜(韩家民俗村提供)

玉米良种的发展过程是由农家品种到推广品种间杂交种，再到自交系间杂交种。而自交系间杂交种又经历了由双交种、三交种发展到以单交种为主的过程，先后进行了多次较大的更换。1949～1956年，韩家村种植的玉米品种有小粒红、大粒红、金皇后、白马牙和掖旦。1956～1961年为应用农家品种和推广品种间杂交种阶段，良种发展较慢，推广的坊杂2号等品种间杂交种，较一般的农家品种增产10%～15%。1962～1972年为推广玉米双交种阶段，引进的双交种有双跃3号、双跃150号、化威、群旦105、烟三6号，比以前的品种间杂交种具有较强的产量优势，一般增产15%～20%。1972～1976年为三交种和单交种广泛应用阶段，是玉米引种推广最旺盛的时期，单产从254公斤提高到365.5公斤。1977～1982年为推广应用单交种为主阶段，当家品种是单玉6号、鲁原单4号等单种，单产达到约400公斤。

从 1983 年开始为推广紧凑型玉米阶段，以鲁玉 3 号、鲁玉 2 号、烟单 14 号为主，其中，鲁玉 3 号替代鲁原单 4 号成为夏直播的当家品种。紧凑型玉米，上部叶片上冲，下部叶片平展，是提高密度、更有效地利用光能的理想品种。

3. 农具

从 1953 年开始，随着国家工业的发展，农业生产工具也获得了改进。在农业运输工具方面，胶轮车取代了木轮车，人们还逐渐使用农用运输车、拖拉机进行运输。耕地则使用双铧犁、七步犁。从 1967 年开始，全村通电。村民开始安装和使用电磨。此后，现代农业机械逐步在韩家村推广使用，如收割机、脱谷机、播种机、抽水机等，大大解放了农业劳动力，提高了农业生产效率。但因韩家村土地少，土质不均，承包土地时部分农户分到的地块幅面太窄，难以使用机械作业，因而直到现在有些小农具仍在使用。

4. 耕作制度

1949 年后至 20 世纪 60 年代中期，韩家村在耕作上以一年一作和二年三作为主。1949 年，一年一作耕地占 38.4%，二年三作占 41.7%，一年二作仅占 19.9%。20 世纪 60 年代中期至 20 世纪 70 年代初期，一年一作、一年二作和二年三作并重，大约各占种植土地总面积的 1/3。随着农业生产条件的改善和农作物构成比例的改进，从 20 世纪 80 年代起，一年二作种植面积增加了 37.6%，上升到主要地位。一年一作种植面积减少 32.5%，二年三作面积减少 13%，复种指数大大提高。自 1984 年实行家庭联产承包责任制以来，农民的生产积极性大幅度提高，一年二作的土地面积占到耕种土地总面积的 98%。现在，韩家村在种植方式上已初步形成一套制度，主要是冬小麦—夏作物或春作物—冬小麦—夏作物(秋玉米或大豆)。

5. 农田水利建设

在农田基本建设方面，从 1958 开始，土地划为耕作区，韩家耕作区包括前韩家、后阳村、前阳村。男女劳动力统一调动，都到西洼地深翻整地，不管地质如何，一律深翻二尺(约 0.67 米)。1961 年划成生产大队后，1973～1975 年，韩家村有两次大的改造土地的行动，主要是深翻、平整、划块、砌地堰，搞水土保持。1974 年冬季，村里掀起大搞农田基本建设高潮，重修机耕路二条，将西洼地片及水沟地片进行平整，起高垫洼，把 100 多亩地块调

整为便于耕种的长形地块，生产队之间打破地界，按被平整的土地数量重新划分。1975年冬季，各生产队将部分劣质地块进行改造，加厚土层。比如有的地块地下半米处便是风化土，并且含磷量很高，对农作物非常有利。风化土压在地表层，经过冬春的风化，土质变得松软，尤其适合栽种地瓜。经过二冬二春的努力，生产队共改造土地300余亩，农业产量大幅度提高。尤其是春地瓜产量每亩提高1000公斤，亩产达3000公斤。

1999年，村两委会议讨论了如何根据村里实际情况提高村民收入的问题，具体措施如下：在渔业捕捞、滩涂养殖方面，韩家村落后于红岛镇南边的村落，又没有村办企业，经济收入确实困难，因而只能从农业方面下工夫。在这种情况下，适时调整农业产业结构，创建高效农业是提高农民收入的一条路子。在镇党委政府的支持下，韩家村及时与市农科所果树开发部韩明三同志取得联系，探讨发展高效农业的情况，通过土壤化验分析证明，村子的土质适宜发展果树种植。根据这种情况，村两委召开各种会议，在征求中共党员和村民的意见后作出决定，将西洼300亩土地划为后韩家北村高效农业园，并积极争取市农科所的帮助，走科研单位带动农户发展的路子。之后，有21户村民承包260亩土地从事果树栽植，市农科所还在园内建立了51.8亩的示范基地，引进草莓、黑莓、树莓、黑加仑、红加仑等国内罕见新品种进行试验栽培。农户承包土地种植梨树（以日本丰水梨为主）、桃树近万株，柿树400株，葡萄近30亩，繁殖苗林数万株，桃树1000余棵，枣树300余棵，草莓100亩，黑莓5000棵，树莓4000棵，黑红加仑20000余棵，总投资100余万元。按照农业园的整体规划，承包户投资15万元建护林房11处。为解决园内用水问题，村两委与市地矿局取得联系，经勘测，市地矿局为韩家村投资9万元新挖大口井2处；村两委投资1.5万元，整修道路2条，新修道路1条。在供电站的帮助下，韩家村又投资3.5万元在田园内铺设主线路，立杆30支，铺线6000米。截至2003年，农业园总投资200余万元。农业园的建设每年可为集体增收4.9万元，初步估算亩收入8000元，为发展壮大集体经济、调整农业产业结构、带领群众发家致富开辟了一条新路子。

在水利建设方面，韩家村的地下水资源非常贫乏。1949年成立前后，村民吃水只靠三眼水井和村东南的一个泉眼，在农田找不到可以打井的地

高效农业园(韩家民俗村提供)

方,农田得不到灌溉。人民公社时期开始修筑塘坝。1965 年秋,在村西头借助一条大沟修筑一个水库,名叫“四清水库”(因“四清运动”时修建),长约 150 米,深 4 米。此水库也只能在雨季积蓄雨水,用于灌溉农田。此外,况家茔水塘、后崖下水塘在旱天可用抽水机抽水浇地。1977 年秋,韩家村村支部开会讨论,村里水库都在低处,不能自流灌溉,因此提出提水上山浇地,从后崖下到后岭顶铺设直径为 25 毫米的棉管 400 余米,还从四清水库到采石坑铺设管道 200 米。与此同时,大队组织男女劳力扩建况家茔水塘,经过一秋时间,用石料 400 余立方米,扩大了水塘,增加了深度和蓄水面积,解决了周围百余亩农田的灌溉问题。

六、兴办企业

1949 年以后,从合作化到体制改革前的集体化时期不允许个人经商,个人经商就是走资本主义道路,要受到批判。所以,那时韩家村没有什么商业企业,为增加集体收入,只能搞些副业。

1966 年,副业队成立,韩家村组织男女劳力进城搞副业,主要干些建筑活、搬运活,每人每天有 3 角钱的生活补贴。干包活的例外。1967 年,大队投资 5000 元办起了养貂场,先后两次派人去烟台学习。1969 年,大队投资

个体印刷厂(韩家民俗村提供)

1.5万元,办起了海带养殖场。1971年,村里又投资2万元,办起了非标准件厂,负责人为韩芳德,其手下有28人从事此项生产。1980年,村里投资4万元,办起了印刷厂,负责人为韩欣德,领导20多人从事此项工作,主要印刷表格、账簿、单据等。1984年,村里投资8万元,办起了塑料厂,负责人为韩仕德,有20多人在厂工作,主要生产塑料桶一类的产品。上述小工厂及养殖场都因技术不过关以及经营管理不善相继关门停产。

党的十一届三中全会召开后,我国实行改革开放,农村实行土地联产承包责任制,渔业生产工具承包给个人,允许个人经商办企业,让一部分人先富起来。韩家村村民先后建起了塑料厂1家、铝制品厂1家、印刷厂2家、大型养鸡场2家、养虾场4家、海产品加工厂1家、奶牛场1家,其他做小买卖的也有30多家。

在上述私营企业中,发展最快的是后韩家村韩平德经营的青岛通用铝业有限公司。该公司由20世纪80年代成立的红岛塑料五金厂一步步发展而来。1984年,韩平德在韩家村创办红岛塑料五金厂,当时条件非常简陋,租借村里祠堂3间小屋作为厂房,仅有2台简易设备和5名员工。但五金厂发展顺利,至1992年,韩平德在原厂基础上租借10亩荒滩,投资500余万元,成立了青岛通用铝制品厂,生产玉鸟牌、红鸽牌铝制品。因产品物美价廉、品种齐全,畅销全国各地。1998年,在铝制品厂基础上,韩平德又

个体奶牛场（韩家民俗村提供）

在红岛开发区投资 4000 万元征地 70 亩，成立了青岛通用铝业有限公司，建成高精度铝板带箔材生产线 1 条，年加工铝材 1.5 万吨，产值为 3 亿元，年创利润 3000 万元。至 2000 年末，该公司拥有固定资产 6000 余万元，建筑面积为 3.2 公顷，拥有员工 220 人、高级科技人员 17 人，年产值为 3000 万元，实现利税 310 万元，成功步入大中型民营铝加工企业行列。在提高经济效益的同时，多年来，该公司一直坚持开展慈善活动，资助当地文教事业的发展。

青岛通用铝业有限公司
（韩家民俗村提供）

青岛通用铝业有限公司生产的铝制品
（韩家民俗村提供）

2004 年以来，韩平德又投资 1.2 亿元在韩家村东创办了韩家民俗村文化有限公司。该公司以发掘、保护和传承当地民俗文化为目标，以发展民俗文化

旅游为支撑，不仅拉动了当地经济的发展，也为村民提供了不少就业岗位。

随着当地社会经济、文化等事业的不断发展，如今的韩家村村民有外出打工的，有参军进入部队的，有去外企甚至去海外工作的……总之，当下村民的谋生方式比以往更加多元和灵活，生活也变得更加丰富多彩。

第三章 红白喜事

在韩家村，娶媳妇、生孩子、老人去世、过生日、盖房、迁居等是村民日常生活中的大事。围绕这些红白喜事而形成的传统礼俗至今仍在村中延续。与此同时，随着社会的不断发展，一些新的因素也不断出现，日益改变着村民的生活。

一、“将媳妇”

韩家村，把男女结婚称为“将媳妇”。从过去到现在，将媳妇一直是村里的热闹事，有着诸多的讲究。

说媒 旧时，韩家村将媳妇主要是靠父母包办，媒人说媒，事前男女双方互不相识。在媒人的撮合下，双方父母同意，才能结为连理。中华人民共和国成立后的一段时期内，将媳妇仍主要由媒人介绍。媒人领着女子先去男方家里相亲，看男方体貌、家庭条件等。如果女子相中，则向媒人点点头，表示中意；若没相中，就对媒人说“俺再跟俺妈说说，商量商量”，表示委婉拒绝。如果男女均中意，双方就选个日子，让媒人带领男子去女方家中见父母。只要女方父母同意，男子就可以要来女子的生辰八字，带回去请算命先生合八字（即测八字）。若两人八字合得来，男方就请人查个好日子去女方家里定亲。

撒媒柬　到了选定的吉日，男方要去女方家定亲。定亲是大事，须由男方父亲或者叔伯前往，以显庄重。去时男方要带上定亲礼，一般是 20 个大饽饽、现金、首饰、衣料、化妆品等。大饽饽就是大馒头，每个约重 0.8 公斤。此外，还要送上媒柬。媒柬是一张很大的红纸，上面写明男女的年庚、家长和媒人的姓名，用大红信封装起来，双方交换，作为联姻的依据，俗称“撒媒柬”。撒过媒柬，就表示双方已把婚事定下来了。

送日子　撒媒柬定亲过后，男方根据女方八字，请人查定结婚日期并前往女方家里通知，俗称“送日子”。为给女方留出足够的时间准备，男方至少在结婚前一个月就要去送日子。去的人是男方的父亲、大爷（或叔叔）。从前去女方家送日子一般要准备 20 个大饽饽、1 公斤粉条、2 公斤猪油、3 公斤饼干、2 个红包袱、2 双袜子、2 双袜套、2 条毛巾、2 块香皂、2 盒雪花膏等。总之，礼品强调双数。红包袱就是做衣服用的红布，一般一匹宽 1 米。现在送日子主要是送大饽饽、肉、鱼、现金、衣料等礼品。此外，男方还要附上“迎婚帖”，上书男方迎亲的具体日期，新娘上下轿、坐帐的时间和朝向，以及“嫁女客”（即伴娘）的属相等信息。送日子一般是男方早上去，中午留在女方家里吃午饭，饭后即回。回去的时候，女方要象征性地回礼，不能让男方空手回去，否则别人会说女方家里小气。一般女方回 20 个点心、2 条鱼，再从男方带来的 4 斤猪油当中回出一点，叫作“死（四）油换活油”，寓意婚姻将给男方家里带来蓬勃生气。

备嫁妆　送日子过后，女方家里就要为女儿出嫁准备嫁妆了。在以前，一般是一厨、一桌、两箱，内装被褥、衣服、化妆品等物，若家里经济条件好，还会添两凳、两盒、两匣等嫁妆。随着社会经济的发展，现在的嫁妆类型更加多样，除传统的嫁妆外，还包括各种家用电器等，甚至有些经济条件好的家庭还送小汽车当作嫁妆。除以上外，不管过去还是现在，还有一样是女方必须置备的嫁妆，即窗帘。窗帘一般是红色的，或印或绣有双囍字样。当女子过门后，其新房用的就是从娘家带来的窗帘。

看喜与添箱　送日子过后，男女双方要去通知亲友喜期。得知喜讯后，男女双方的亲戚、邻居和朋友们纷纷以钱物等礼品相送，男方称“看喜”，女方则称“添箱”。看喜和添箱的时间一般是在送日子过后，男方迎亲之前。在这段时间内，亲友们纷纷送来各种礼品，比如新衣裳、新家电等，以表庆贺。

抬嫁妆、闹房 迎亲的前一天，男方要去女方家里抬嫁妆。当天上午，男方在家里备好饭菜款待前去帮忙抬嫁妆的人。吃过饭，众人就动身前往女方家里，将桌子、板凳、橱柜、箱子、被子、衣裳、化妆品、窗帘等所有女方陪嫁的东西抬到男方家里。嫁妆抬回来以后，新郎必须在新房里用钥匙开箱。当天晚上，新郎家在新房备好酒菜，并请来吹鼓手坐在炕上吹奏庆祝，持续数个小时才结束，这叫作“闹房”。人们通过这种方式先让新房热闹起来，准备迎接新人的到来。

迎亲 喜日当天上午，亲朋登门祝贺，大家帮着布置新房，张贴对联喜帖，准备迎亲。在以前，男方家备好冠轿、花轿各一乘。新郎穿长袍，戴礼帽，披红戴花。若是姓韩的将媳妇，要先到韩氏祠堂磕头，然后乘坐冠轿，在吹鼓手的引导下前往女家迎娶。一般午头(上午11点左右)迎亲队伍就到女方家了。在喜日之前，女方就事先物色好两位“嫁女客”(伴娘)和两位“男送客”。当嫁女客的一般是没出嫁的姑娘，而当男送客的可以是新娘的哥哥、大爷或叔叔，但弟弟是不能当“男送客”的。迎亲当日中午，女方在家中宴请新郎。下午，新娘穿嫁衣、戴花冠、蒙覆脸，新郎此时在院子里按照送日子时查好的朝向坐好。然后，新郎、新娘互换手巾。之后，新娘从闺房前往花轿，由两位嫁女客一人一边架其胳膊抬上轿子，新娘的脚尽量不要碰地面。或者在嫁女客和男送客的伴送下，新娘踩在红毯或被褥上走到大门口，坐上花轿去新郎家。启程后，新娘的嫂子把新娘早上的洗脸水泼在大门外，叫“泼脸水”。水泼得越远越好，当地村民认为“泼得越远，嫁出去的女儿越不想回娘家”。

出门后，女方的男送客、嫁女客一路护送前行，半路的时候，男送客大喊一声：“半道了!”此时，新娘便将腰中带的一枚铜镜翻转过来。民间认为，“半道”不吉利，需要用镜子将煞气反射出去。轿子去迎亲的时候可以落地，回来时就不允许落地了。回来的路上，轿夫要带上两块圆木头，若要停下来就在地上垫着，使轿不落地。到家之前，新娘、新郎都不能下轿。

轿子进村后，如果要经过的地方有拐角或者地上有井盖、窟窿之类的，都必须事先贴上“囍”字，以免损害喜气。

新人经过有拐角和窟窿处要贴喜字(龙圣摄)

进门拜堂　轿子到男方家大门口时,由新郎的父亲掀起轿门帘,嫁女客扶新娘出轿,男前女后踏红毡入门庭。进门的时候,有两名少女端着火盆,新郎先跨过火盆,接着才是新娘。二人跨过火盆之后便是跨马鞍,富贵人家还会将从下轿到进新房的路上铺上被子。此时,院子里已经摆好了祭祀天地的香案,新郎、新娘跪在香案前拜天地。男方有两名"谢天井的"(即伴郎,一般由新郎的兄弟和好朋友担任),负责烧香、烧纸和主持跪拜仪式。

入洞房　拜堂礼成后,新郎、新娘入洞房。新娘在嫁女客的搀扶下进入新房。进入新房后,新郎和新娘需踩着撒有盐的搓板石(旧时候洗衣服所用的石头)上炕。然后,新娘按照迎婚帖事先规定的朝向和时间坐在炕上,嫁女客要给新娘喂三口饭,俗称"随身饭"。之后的五六分钟新娘不能吃东西和说话,这个时间叫"坐时辰"。五六分钟后,新娘才正过身来,可开口说话。此时,炕头上早已经准备好一个盛麦子的升子(旧时盛粮食的容器),新娘把从娘家带来的一双筷子插在升子里面,寓意"快生子"。此外,人们还需要把新娘从娘家带来的铜镜子(直径大约 10 厘米)用红布包起来,立着插到升子里面。据韩明基回忆,过去也有在升子里面插斧头的,因为"斧"音同"福"。[①] 在新娘坐时辰的同时,新郎家派人煮饺子、下面条。坐完时辰,新郎、新娘就要一起吃饺子、吃面条。饺子,是新娘娘家包好带过来的,红糖做的馅,寓意

① 韩明基,男,后韩家北村人。访谈时间:2017 年 5 月 28 日。

着生活甜甜蜜蜜。面条有一指半宽，叫作“宽心面”，寓意吃了以后家庭和睦，心情愉快。

拜长辈 吃过饺子和宽心面，新郎就去本族各家各户磕头。去的时候，新郎带上两位“谢天井的”一起去，鼓吹手跟在后面一路吹奏。到了长辈家里，一进门，铺下毡子，新郎和“谢天井的”三人一起跪下磕头。韩家村韩姓族人多，据说有些人结婚的时候，得磕一两个钟头才能拜完。

接男送客 迎亲队伍回到男方村口的时候，女方的两位男送客就停下来不走了，新郎、新娘的轿子则继续前行，直到家门口。待拜完长辈以后，新郎还得去村口接男送客。因为男送客是婚礼当中最高贵的，怕怠慢了他们，所以先让他们在村口等着。等到仪式完毕，再由新郎亲自前往村口迎接。进了家门后，新郎直接把男送客请到席上一进门靠右边的座位上，这是整个酒桌最为尊贵的位置，俗称“上首席”。与之相对的则是“下首席”，也是个高位，但没有送客的位置高，一般由新郎的大爷、叔叔坐。

喝合婚酒 到了晚上9点多，新郎、新娘都吃完饭了。两个男送客就在新房里坐下，拉拉家常，认识认识男方家里人。大约10分钟，众人就离开了。这个时候光剩下新郎、新娘在新房里喝合婚酒（一般是自己用糯米酿的黄酒）。新郎给新娘倒上一盅，也给自己倒上一盅。新娘一般不喝，而是把炕上的席子翻起来，把酒直接倒在炕上。喝合婚酒的时候，有些好事的人图热闹，常躲在窗外偷听、偷看。

闹洞房 按照韩家村风俗，将媳妇的第二天闹洞房。届时，满村的年轻人都可以去，大家看看新娘的长相，看看她穿的衣裳是否漂亮，还出各种点子故意难为新娘。当地有俗语“新婚三日无大小”，结婚闹洞房不分辈分大小，亲友乡邻都会到新房捉弄新娘，不闹不喜，越闹越吉利。新娘子老老实实地坐在炕上一动不动，供大家观摩，这叫作“坐炉帐”。上午闹过洞房，中午男送客再吃点饭，就要回去了。临走的时候，男方不能让男送客空手而归，一般要用红纸或者红手绢包上一些喜糖送给两人，寓意有“甜头”。

拜公婆、伯叔 结婚第三日，到了五更天（凌晨3～5点）的时候，男方堂屋挂好轴子，前面摆好豆腐、黄花鱼、生白菜、油条、刀头肉、大馍馍等祭品。此时，新郎父母端坐堂前，新娘给祖先和公公、婆婆磕头，这叫作“拜公婆”。拜完公婆，新娘要去拜见新郎的伯伯或者叔叔。只需要去其中一家，到底去

哪家则会根据两家居住远近和关系等来决定。这天早上，新娘子起来的时候不梳头，等到了伯伯或叔叔家先磕头，再梳头，此谓“梳喜头”，然后留在那里吃早饭。

上喜坟　从伯叔家回来后，新郎和新娘要去给祖先上喜坟。上喜坟一定要在结婚第三天上午去，吃过早饭八九点钟出发，最晚不能超过11点。去的人有新郎、新娘，新郎的父亲、哥哥、弟弟，新郎的母亲不能去。上喜坟要带上鱼、鸡、猪头、馒头、白酒等祭品。到达后，新郎、新娘给祖先磕头的时候，新郎父亲一边烧香、烧纸，一边念叨：“某某接媳妇，来给爷爷、奶奶上喜坟了。给你们说说，大家都高兴。爷爷、奶奶保佑他们早点生个胖小子。”上完喜坟离开的时候，新郎、新娘要在坟头上压两种粉红色的纸，与平日里压黄纸相区别。

拜长辈　上喜坟回来，新郎、新娘要去拜见族人。去的时候，新郎、新娘带着大馍馍，到了族人家中给长辈磕头，要挨家挨户地磕。磕完头，长辈必须给新郎、新娘磕头钱。钱数根据家庭条件而定，但一般都是双数，在当地叫作“结婚三日磕头钱”。

回娘家　结婚第四天，也称“望四日”。这天上午，新郎携新娘及新郎弟弟（俗称“跟牲口的”）回女方家拜岳父母，去时带上馍馍、酒肉等“大礼”。去了以后，婆婆就在家里准备插（做）小豆腐，即把菜和豆腐一起煮，煮上一大盆，请来参加婚礼还没走的亲友都来吃。吃过午饭，新娘回婆家，走时要带上“小礼”，比如花生、点心、糖果、鸡蛋、包子等，送给公婆及其他亲友。新娘到婆家后要吃一碗婆婆做的小豆腐。因为豆腐与“兜夫”谐音，意为把丈夫给拴住。从结婚开始一直到第三天，新娘要么坐在炕上让人伺候，要么就出去上喜坟、拜族人，而第四天又回娘家去了。如此算来，新娘结婚头三天基本不用干家务活儿，所以当地有“三日媳妇，大过婆婆”之说。

到了结婚的第六日，女方家来人又把新娘接回去，第八日再把新娘送回来，俗称“叫六还八”。再往后，最迟不超过结婚第十二日，女方家再次将新娘接回娘家。直至遇到下一个大节（在韩家村，大节包括年节、清明、端午和中秋），娘家人才在节前选个双数日把新娘送回婆家过节。如遇到的节日是个小节（包括二月二、谷雨、六月六等），仍不送回。比如，正月十五是大节，正月十四（双数日）那天娘家人就送新娘回婆家，让新娘在婆家过正月十五。一过完正月十五，正月十六（双数日）娘家人就到婆家把她接回去了。就这样一直住在娘家，直到下一个节日。接下来，下一个节日为二月二，但二月二是个小节，所以新娘不回婆家，直到再下一个节日——清明节。这是个大节，娘家人就在清明节前的双数日把新娘送回婆家过节。新娘过完节再回到娘家去。所以，在出嫁的头几年里，新娘大部分时间其实是在娘家度过的，只有重大节日才住在婆家。一些人甚至在生了小孩后，都是常住娘家，由娘家养着。要是娘家不叫女儿回家住，老让她住在婆家，当地人家就会笑话娘家没钱。

进祠堂、耍正月 结婚的第一年除夕夜里，新郎、新娘要一起去家庙（祠堂）里给老祖宗磕头，磕完头回去后，还得挨家挨户去给同一家族的长辈磕头。到了大年初三，新郎要独自去女方家里拜年，并在那里住一晚，到第二天，即正月初四才回来。正月期间，男方的伯伯、叔叔会邀请新娘去家里拉家常、吃年饭，叫作“耍正月”。耍正月是新娘独自一人前往，早上去，中午留下吃饭，过午就回家。一般来说，一天就去一家，偶尔也有一天要两家的。还有些家族大的，新娘到正月十六还要不完。

在将媳妇的过程中，韩家村还有着一些禁忌。比如，不允许改嫁的妇女坐轿了，不允许寡妇和改嫁的妇女在其他人的婚礼中帮忙。此外，新娘做棉袄、被子之类的嫁妆最好让自己最信任的人帮忙，民间认为若是有人在这个时候把用黄纸剪的小人放在夹层里面，新娘、新郎就会一辈子不顺利，所以要找最信任的人帮忙。

村民在韩家民俗村举办婚礼（韩家民俗村提供）

村民在韩家民俗村举办婚礼(韩家民俗村提供)

随着社会不断发展，自 20 世纪 90 年代以来，韩家村的传统婚俗也在逐渐发生变化，其中最突出的便是酒店婚礼越来越普及，这导致婚俗诸多具体环节发生了改变。比如仪式的场合从宅院变成了酒店，主持人由“谢天井的”变成了婚庆司仪，等等。为延续韩家村的民俗传统，2012 年韩家民俗村的民俗大酒店开张，隆重推出了“复古婚礼”。复古婚礼基本上延续了韩家村 1949 年以前的婚礼传统，如坐轿、穿古装拜天地等，吸引了很多村民甚至是外村的人来举办婚礼。

二、生　育

求子　以前，若是婚后很久没有怀孕的迹象，不孕的女性通常会去庙里向神灵求子，所求神灵包括娘娘庙里的送生娘娘、龙王庙里的龙母等。求子没有特殊的日期规定，到了庙里，求子的女性用直径 2 厘米左右的红绒线给送生娘娘或者龙母挂上，同时给她披上红衣服。然后在自己腰上缠上红腰带或者比较粗的红线，面朝神灵跪着，诚心祈祷，把求子的心愿在心底默念三遍给神灵听，当地称之为“拴娃娃”。此外，送生娘娘神像的前面还有一只蹲着的泥塑“侯狗”，如果去娘娘庙“拴娃娃”的话，在求子的时候也要在这只“侯狗”的脖子上套上干粮。据说，干粮参照戚继光抗倭时做的光饼样子，将白面揉成圈，用红绳串起来。

“拴娃娃”过后，如果怀孕了则需要还愿，一般是女方家把大饽饽做成面圈，五六个为一摞，一共准备 10 摞左右，每一摞上都要放鱼、肉等菜。每一摞由两人抬着送到庙里的神像面前，叩谢神灵。有些特别讲究的村民，自从家里有喜以后，每个月都去庙里跪谢神灵一次，直到孩子顺利出生为止。

三日剃头 小孩生下来的第三天，奶奶或者大伯母用剪子在婴儿头部两边或者下边剪上一点头发，谓之“三日剃头”。剃头的时候，大人用红线将两颗大葱拴在一起，给孩子抱着玩，一方面可以转移孩子的注意力，另一方面则寓意孩子在长大后“聪（葱）明”。

报喜 过去，小孩出生后，孩子的父亲需要在第一天或者第二天之前先去岳父家报喜，现在也有在第三天后才去的。若生男孩，叫“报大喜”；生女孩，叫“报小喜”。去时一般提着 2 公斤猪油或猪肉，装猪油、猪肉的容器叫作“猪篓子”。回来的时候，岳父、岳母一般会让女婿带上贴着红纸或染成红色的鸡蛋，数量不限，给多少就带多少。此外还有红糖、小米等。产后第六天或第八天，最迟不过第十天，岳父家抬着食盒来祝贺，里面有红鸡蛋、小米、猪蹄、花布、馒头等，叫作“送汤米”。朋友、邻居知道孩子出生的消息后，一般会在七天之后去贺喜，去时带着一两把染成红色的鸡蛋以及小米、馒头等礼物，也叫作“送汤米”。在韩家村，一把鸡蛋是 10 个。据老人回忆，以前生活条件差，平常人们根本吃不上鸡蛋，一把鸡蛋已经很珍贵了。送汤米的时间一般在孩子出生一周左右，主要是因为以前医疗条件落后，刚出生的小孩容易得病，甚至是死亡，所以要过上一段时间，等孩子适应了环境，身体情况比较稳定了才去祝贺。现在医疗条件提高了，也有亲戚朋友在孩子出生不久就去医院看望和祝贺的，一般是关系特别亲密的人才这样做。大部分人都要等到产妇和孩子出院才去送汤米。亲朋好友来家里送汤米，主人家要设宴招待，一般要上 10 个大盘的饭菜，以表达谢意。

满月 满月没有特别大的讲究，一般就是家里人一起吃面条庆祝。

过百岁 旧时，一些名门望族在孩子“百岁”（百日）这天，要把孩子抱到百岁宴席上，让亲戚、朋友都抱一抱。亲戚朋友你传我、我传你，传递的过程中都要说一些吉利奉承的话。有钱者拿钱给孩子，意为“压岁钱”。钱给多少没有统一要求，少者不嫌，多者不拒。人们把酒席上传递孩子这个过程叫作“传席”。后来，此俗传到平民百姓之家，不论贵贱贫富，人们都要在百岁这天

将孩子抱到百岁宴席上，在亲友面前讨一些吉利祝福的话，久而久之，就形成一种习俗。此俗一直延续到 20 世纪 60 年代，20 世纪 70 年代后就很少了。

“过百岁”的娃娃（韩家民俗村摄）

孩子出生 100 天的时候，家人及亲友纷纷送礼物祝贺。比如，孩子家人送两个凤凰状的大饽饽，姥姥送布老虎，姑姑送新衣服，姨妈送新裤子，舅妈送新袜子、新鞋子，还有其他亲友送金长命锁、银长命锁，金手镯、银手镯等，而孩子家人则请亲友们“坐席”（参加酒宴），当地称“过百岁”。到了中午十一二点钟，家人在大门口放一个竹编的筛子，里面用新土堆上一个土堆，把布

“过百岁”穿新衣（韩家民俗村摄）

“过百岁”撒糖果、花生(韩家民俗村摄)

老虎、新衣服、裤子、袜子、鞋子等都放在上面。姑姑给孩子穿上新衣服,姨妈给孩子穿上新裤子,舅妈给孩子穿上新袜子、新鞋子,最后再戴上长命锁。穿好后,家长让孩子骑在布老虎上,再由姨或姑姑抱着孩子在土堆上踩几下,并在口中念道:“姑穿裳,姨提裳,一活活到九十上。”也有的说法是:“姑穿上衣,孩子骑上,一活活到八十上。”寓意小孩子扎根成长,长命百岁。届时,邻居们都来观看,主家将事先准备好的糖果、花生往外撒。大家一起抢着吃,场面十分热闹。在整个仪式过程中,男子可以在旁观看,但一般不会参与进去。直到今天,这一风俗在韩家村仍然非常盛行。

周岁 在韩家村,过周岁也没有特别的讲究,就如同过生日一样,吃面条。

止哭 小孩子晚上哭闹是很普遍、常见的现象。在韩家村,村民有四种应对的办法:一种就是在晚上孩子哭闹的时候,父母将孩子抱起,有节奏地轻轻拍打,嘴里念叨:“天惶惶,地惶惶,我家有个夜哭郎,不哭不哭念三遍,一觉睡到大天亮。”一般连续几晚之后,夜哭情况会有所好转。如果效果不好,孩子家人就在纸上写“天惶惶,地惶惶,我家有个夜哭郎,过路君子念三遍,一觉睡到大天亮。某某之子,名叫某某,夜啼不止,过路君子,请念三遍。某某鞠躬”,然后将这张纸贴在人来人往的地方,只要有人念了,小孩就不再夜哭了。

另一种办法是白天将小孩子的衣服洗干净，晒在外面，在月亮出来之前将衣服收起来，别让衣服晒到月光，这样孩子在晚上就不哭了。此外，还可以找一个用烟杆抽烟的人，拿一根十分细小的棍子将烟杆上的烟袋子油挑出来，然后在小孩的太阳穴和眉间反复画十字，据说可治小孩子夜哭。这种办法一般用于夜哭特别厉害的小孩。

叫魂儿　小孩子因为年纪太小，有时候外出或者见了生人容易出现焦躁不安、哭闹不止、食欲不振等状况。这在村民看来就像“丢了魂一样”，此时就需要给孩子“叫魂儿”。一般小孩的“魂”不在身上，需要用红纸写好文书，去神明所在的地方祷告。通常的文本格式是：“某某神座前，喜生中土，得以平安，早有还愿之心，但时忙，无以报答。今有盛会，特备金银若干，前往某某地，焚之。”根据村民的经验，“叫魂儿”过后，小孩的上述症状大多会得到一定程度的缓解。

祛病　如果小孩子经常生病，就可以去娘娘庙许愿。小孩病愈后，家长要去办书，也称烧“还愿文书”。文书上面要写：“我许愿某某某（生病小孩子的姓名），为某某事曾经到某某神面前许永保平安。”

旧时，如果小孩子生天花了，家长就要到十字路口拜祭痧痘爷爷和痧痘奶奶，烧上纸做的衣服、鞋袜，并说上一些祝福话语。

三、“倒　头”

“倒头”，即死亡。在韩家村，老人弥留之际，家中晚辈会时刻守候在其旁边，眼看着老人快不行了，便帮他穿上寿衣、寿鞋。对于老人或长期生病的人来说，寿衣、寿鞋一般都是自己提前准备的，无论是死于夏天还是死于冬天，寿衣一般都是唐装棉衣，男子多为黑色，女子多为红色，款式简单，并没有特别多的讲究。老人“倒头”了，儿女便高呼死者的名字，谓之“叫魂”。之后，家人请来料理丧事的人给死者理发、洗脸、沐浴。接下来，儿女要将堂屋大门的两扇门板摘下来，在“正面地”（堂屋一进门的地方）的北边备好两张条凳，把门板搭在条凳上，做成灵床。众人再齐心合力将死者从炕上抬到灵床上，并给死者盖上一条寿被，最后将一张黄表纸盖在死者的脸上。旧时，家人还要在死者口中放一枚铜钱或金银，叫作“压口包”。村民认为，有

了压口包，死者就安心了，到了阴间不会乱说话。

安置好死者，众人在灵床前摆张供桌，桌上放置灵位。这也是大有讲究的。以韩姓老人去世为例，刚死尚没有入棺（大殓）的时候，牌位上所写的是“故父讳韩公某某（或故母某氏）之灵”；入棺之后，所写的是“故父讳韩公某某（或故母某氏）之柩”；若是已经下葬了，牌位上写的便是“故父讳韩公某某（或故母某氏）之位”。香炉放在供桌的中间位置，香炉右边放上豆油灯，香炉两边各放一盘水果，桌子前面放一个烧纸用的灵盆。准备完毕，丧家根据死者的年龄剪一道“引灵幡”，用竹竿挂在大门外边。接着，家中的大孝子（即长子），在灵盆里烧些“糊涂纸”为死者指路。指路的时候，大孝子手里拿着一根擀面杖，指向西南方向，口中大喊：“爹（或娘），朝着大路向西南！”[①]据说，烧了“糊涂纸”，指了路，死者的灵魂就不再留恋凡间。

指路完毕，家里也准备得差不多了，紧接着就要去村里的土地庙“报庙”。报庙必须是家中的大孝子领着众人去。第一次报庙的时候，大孝子不能穿鞋，要赤脚前往。大孝子后面紧跟着两个人：一个提着桶，里面盛着面粉和小米混合成的浆水；另一个人则端着盘子，上面有香和黄纸。此外，死者女儿（有的家庭未出嫁的女儿也可参加报庙）、儿媳、侄子等人也要一同前去报庙。到达土地庙后，子女们要朝向土地庙跪着，提桶的人绕土地庙一圈，边浇浆水（俗称“泼浆水”）边喊：“土地老爷爷，保佑某某某（死者的名字）一路平安。”此时，端盘子的人在土地庙跪着，烧香烧纸，一边烧也要一边念道：“土地爷爷，叫某某某（死者的名字）苦处使钱，甜处安身。”[②]与此同时，子女们磕头、大哭。报庙完毕，众人起身回家。从人死这天开始，丧家每天都要早、中、晚三次去土地庙报庙：早晨天不亮就去，中午 11 点左右去，晚上要在天黑之前去。这样的仪式一直要持续到死者出殡为止（一般来说，贫穷人家两日而殡，较为富裕的人家则是三日而殡）。出殡一般在下午 2 点左右，因而在出殡前的中午要进行最后一次报庙。与之前的报庙不一样的是，最后一次报庙称之为“报大庙”，有鼓吹艺人在前面吹打开路。旧时，韩家村的土地庙在村西头，后来土地庙被拆了，2006 年在小学旁边又新建了一个，但是部分村民遇到丧事仍前往老土地庙所在的村西头十字路口去报庙。

① 韩明扬，男，后韩家北村人。访谈时间：2014 年 1 月 1 日。
② 韩明扬，男，后韩家北村人。访谈时间：2014 年 1 月 1 日。

土地庙报庙,俗称“泼浆水”(韩家民俗村摄)

人死当天,丧家要请“一家一道”的人(即同一支系的族亲),前往各亲朋好友家中“报丧”,告知死讯。从前,去报丧的人扛着一个干农活时用的杈子(也有的人家是用普通的木棍)到别人家去报丧,进去以后就直接说“某某某去世了”。报丧的规矩是不能在别人家里吃饭,但是要喝一碗水和吃点东西再走,不能空口而回。现在大部分人都有了电话,村民报丧一般都采用电话通知,比以前方便多了。除了报丧之外,还有一些人家要在庭院外张贴丧榜,写明死者的生卒年月、寿限等信息。男子的榜文字数一定是奇数,而女子的则是偶数。

从死者去世当天的报庙开始,死者的儿女、侄子、侄女、孙子等亲属都要穿上孝服为其守灵。从前,女性穿短褂和白裤,男性穿大褂子和白裤。儿女头扎一块白布,叫作“扎头布”;侄儿、孙子戴孝帽,孙子的孝帽上钉块红布。1949 年以后,村民们也开始戴黑纱或是白花,一般是男子死了将其戴在左边,女子死了戴在右边。

守灵的时候,一般大儿子坐在供桌上首,即左边;其他儿子坐下首,即右边;女儿坐在灵床的上首,即死者头部的一侧;儿媳坐在灵床的下首,即死者腿部的一侧。从死者去世的第一天开始直到出殡为止,子女要在堂前日夜为其守丧,并注意不能让供桌上的豆油灯和蜡烛熄灭。夜间也可以轮流去

守灵(韩家民俗村提供)

休息一下,但必须保证灵堂前有人在。停灵期间,丧主家中是不允许做饭的,一般由料理丧事的人在院子里或是别人家中做饭。另一方面,停灵期间,丧主家中一般不放鞭炮,也没有鼓吹手吹打,但是在出殡前报大庙的时候,鼓吹手便会提前在孝棚里吹吹打打,并一路跟着到土地庙报大庙。

死者去世的第二天,按照过去的习俗要"入殓",也叫"盛殓"。子女用棉球蘸水在死者脸上象征性地擦拭,叫作"净面"。之后,由子女帮助丧葬理事抬起死者头脚装入棺内。同时,儿女们放入死者生前喜爱的物件,盖棺钉棺,叫作"封棺"。封棺时,棺材大头处要放一把桑木做的弓箭。由于现在政策规定死者必须火化,因此在这一天,子女要将死者送往火葬场火化。如果天气炎热,为了防止尸体腐坏,死亡的第一天就要先送去火化。

第二天的晚上,子孙要在土地庙为死者"送盘缠"。所谓"送盘缠",就是烧些纸扎给死者,送其魂灵向西南走,当地叫作"回云南老家"。所烧的纸扎供死者在回老家的路上使用,等于回老家的路费,因此称之为"盘缠"。送盘缠时,要用树枝夹一张黄纸在死者生前睡的炕上划过,然后放在做好的纸马上,同时还要准备一对牵马的纸童仆,即童男童女。到了土地庙前,有的人

家会念道："拉到马上，下面些纸，叠些元宝，点上。"[①]寓意将死者的灵魂拉上马，让其在童男童女的伺候下带着金银财宝上路回老家，这在当地称为"拉魂"。念毕，孝子点火将纸马、小人和元宝烧掉，并大声哭喊"爹（或娘），朝着大陆向西南"[②]。此谓"指路"，即为死者指明回云南之路。到此，送盘缠仪式结束。韩家村以前送盘缠用的纸马、纸人都是自己做的，现在市场上有专门做的，只要事先买好即可。现在人们生活富裕了，除了纸马、纸人之外，还有人买纸飞机、纸汽车等。

旧时，贫穷人家两日发丧，富贵人家三日发丧。若死者德高望重，他的丧礼必定是隆重的。从报庙开始，整个丧礼的过程一般要七天才能完成，办丧的程序很繁琐。其中一个重要环节就是把棺材暂时放到一个风水很好的地方，称为"停柩"，也叫"灵榇暂厝"。这点和普通百姓的丧事是有区别的。现在大部分家庭都在第三天出殡。出殡前的一个晚上，子女要整夜守灵，不可入睡，谓之"坐夜"。出殡当天上午，亲朋好友都要前来吊丧，来时带着一吨（捆）黄纸，不可多带。此外还要赙金，也称"上礼"。赙金一般来说只是象征性的，在韩家村等靠海的地方，讲究双数，因而赙金也是如此。上 200 元、600 元、800 元等均可，但忌讳上 400 元，因为"4"与"死"谐音，不吉利。丧礼结束后，丧主会将礼金原数返还，只有出嫁闺女给的礼金，丧主会留下一小部分。进入灵堂后人们磕头吊唁，磕头的数量由吊丧的人和死者的关系来决定。前来吊丧的女婿要在腰上系白腰带，而孙女婿则系蓝腰带。

出殡前，死者的子女要最后一次去土地庙送浆水，叫作"报大庙"。其他的亲朋好友则在丧家吃午饭。以前丧家要用流水席招待宾客，现在一般都安排在饭店就餐。待报庙回来，死者就要出殡了。出殡前，大孝子将烧纸用的灵盆顶在头上，旁边有理丧的扶着他，称作"搀孝"。到了发殡的时候，吹鼓手大喇叭一响，队伍开始走，大孝子就把头上的灵盆猛地摔碎在地上，叫"摔老盆"。摔老盆一般是由大儿子来摔，如果大儿子去世了，则由二儿子摔，以此类推。若是没有儿子，死者生前通常会过继一个，过继者通常是其侄子。如果儿子们都去世了，则由长孙来摔。未出嫁的闺女是不允许去送葬的，她只能送到村口。

---

① 韩明扬，男，后韩家北村人。访谈时间：2014 年 1 月 1 日。
② 韩明扬，男，后韩家北村人。访谈时间：2014 年 1 月 1 日。

摔了老盆就出殡。届时，引灵幡在队伍的前面引路，理丧的人在旁边撒黄纸。有的人家由长子手捧死者的遗照在前跟着。一般情况下，死者的儿子手执孝棒（也称“哭丧棒”）走在棺柩之前，死者的儿媳妇和女儿也手执哭丧棒跟在棺材的后面，接着便是死者的亲朋好友。儿子、女儿和儿媳手里拿的哭丧棒也有讲究，一般是在死者死后的第一个清晨，由料理丧事的人用柳树枝桠做成。执哭丧棒出殡的过程也有讲究，出殡的路上儿女和媳妇需要痛哭，同时每走一步，需要弯腰使孝棒触碰地面。

出殡队伍（韩家民俗村提供）

出殡过程中如果遇到十字路口，需要停下来，这时男子在棺柩前双膝下跪，出嫁的闺女和媳妇在棺柩后面单膝下跪，进行路祭。路祭前，死者的亲朋好友通常要备“三牲”，即鱼、猪头和鸡，然后在出殡经过的十字路口处摆好，点上香，准备好茶饯（即点心类的果品），等着出殡队伍的到来。与此同时，会有迎旌表的人在路祭的地方等候。“旌表”一般是先由死者的亲属在外头摆香宣读，上面写着死者的姓名和年龄，如“某某公享年某某岁之灵

路祭（一）（韩家民俗村提供）

路祭（二）（韩家民俗村提供）

柩”，而后把旌表带回家贴在棺材上。等送葬的队伍到了路祭的地方，亲友烧上纸、磕头，礼毕继续前行。

到达茔地，众人将引灵幡烧掉，将棺材放进坟坑中。茔地的选择以及棺材的摆向需要事先请“猜地的”（也称“踏地的”）来帮忙测算，坟坑在死者倒头的当天已经让几个帮忙料理丧事的人挖好，而这些人也一直在茔地守着，直到棺材埋葬之后方能回家，俗称“看坟人”。将棺材放进坟坑之后，先将旌表放在棺材之上。旌表的主要内容是死者的名讳和享寿。如果死者为男，则旌表上的旌文为 19 或 21 个字；如果死者为女，则是 20 或 22 个字。然后在旌表之上放五谷屯。五谷屯是用竹子编织的，上面放有五谷的种子。之后再放上石板，以石板掩埋棺材。众人向死者行礼致哀之后，丧主便可回家祭拜死者的牌位。一般死者的女儿会在茔地抓一把土拿回娘家，以表纪念。最后，由理丧之人将茔地的土填上。

下葬（韩家民俗村提供）

下葬（韩家民俗村提供）

葬后焚烧花圈等纸扎祭品（韩家民俗村提供）

1978年以前，韩家村每个姓氏都有大片坟地，分布在村子四周，包括东茔、西茔、海乐园、刘家茔、马家茔、况家茔、西老茔，每片茔地都有二三千平方米。坟墓之间有很多松柏树。这些墓地大多是韩姓或刘姓的，其他姓氏很少。为改变旧的风俗习惯，响应国家号召，韩家村从1978年开始实行火葬，各姓的祖茔都被摊平，成了耕地。1988年，韩家村村西北碱场地划出一块地作为集体公墓，但当时的制度不够完善，执行不严，因而出现不统一的现象。从1997年开始，区镇政府要求各村加强殡葬方面的管理，按新的标准重建新公墓。韩家村投资3万元在村东北坡划出10亩地建立了新公墓，原碱场的坟墓也迁入新公墓。新公墓排列整齐，东北向，每个墓穴占地1平方米，公墓周围栽有松柏树。改行火葬后，死者出殡已不抬棺木，而是由孝子手捧骨灰盒前往祖茔或村里的集体墓地。送骨灰盒到墓地后，在石板上筑起坟堆，同时将引灵幡焚烧，最后集体行礼回灵。2006年，红岛在高家村盖起集体公墓怀念堂，并规定各村村民死后都入公墓。因此，韩家村部分村民已把祖坟迁入其中。由于韩家村与怀念堂距离较远，出殡由行走改为乘坐灵车。摔老盆后，子女就捧着骨灰盒坐上灵车前往怀念堂，其他亲友也一同乘车前去。到了怀念堂，儿女、亲朋好友安置好骨灰盒，放上花圈，焚烧引灵幡和黄表纸并向死者行礼，葬礼就结束了。

死者葬后的第二日清晨，孝子便要出门“谢孝”。具体做法是从家门出发，绕村子一周回到家中。在路途上，无论遇到谁，即便是不认识的人，都要跪下磕头“谢孝”，之后便要去“圆坟”。有的人家是在第二天上午，也有的人家是在第四天进行，即子女带高粱、谷子等粮种到墓地祭扫。人们先将种子与坟土搅拌，绕着坟墓正、反方向各转三圈，边转边撒种子，口中喊着：“叨叨叨，保佑家中……”一般都是念叨些死者保佑子孙家业兴旺、获得高官厚禄等吉利话。

之后便以七天为数，“一七”“三七”和“五七”都需要先在家中进行祭祀，之后再去茔地进行拜祭，而“五七”最为隆重。“五七”去茔地拜祭的时候需要准备纸人，即童男、童女，还有黄纸叠成的元宝等。之后回家便将牌位烧掉，这叫作“烧五七”。等到第一百天时，丧家也要举行隆重的祭祀，叫作“过百天”。之后，死者的一周年、二周年、三周年、五周年和九周年忌日，家人都要在祭祀前一天重新写上一个牌位祭拜。其中，三周年祭拜最为重要和隆

重，届时丧家要准备好扎纸，携一正、二厢、金山、银山、摇钱树、聚宝盆、柜子等到坟前焚烧祭奠。九周年之后，丧家就不再写牌位祭拜了。此外，每逢清明、死者忌日和生日，死者亲属都需要去茔地祭拜。

四、过生日

在韩家村，无论长幼，每逢生日人们都要做点好菜，吃叫作“长寿面”的面条或饺子，以示庆贺。1949 年以前，50 岁前的生日庆祝叫作“过生日”，50 岁以后则可称为“做寿”。之后每 10 年为一大寿。富裕人家为老人庆寿，子女亲友赠送寿幛、寿联、寿屏，上书“福如东海，寿比南山”等祝词，也有赠送寿面、寿桃的。祝寿时，晚辈向老人跪拜磕头，俗称“拜寿”，并大摆酒宴款待亲友。普通村民一般不庆寿，只改善一下生活，也算是庆贺。如今，晚辈给长辈过生日、庆大寿的习俗仍很盛行，但礼仪已完全简化，亲友多送寿酒、寿糕、寿馍馍等，子女于家中设宴，为长者庆寿祝福。

五、盖房和迁居

盖房和迁居，不但是喜事而且是每个人人生中的大事，因此只要遇到，亲朋好友都会前去帮忙和祝贺。比如，亲友邻里盖屋建房，人们除帮工外，还要赠送米面、酒肉等礼品，以示庆贺。新房落成之日，不管是中午或晚上，房主必设酒宴款待木瓦匠和帮工的人。打墙盖屋、邻里相助之风，至今仍很盛行。在韩家村，新房落成搬家也叫“乔迁”。迁入新居后，亲朋邻居馈赠饽饽、酒肉等礼品，以示祝贺，俗称“烧炕”。主人设宴答谢宾客。在日常生活中，村民不但在搬家时要“烧炕”，而且分家也要“烧炕”。此外，新人结婚第八日或第十日，与父母长辈分居另起炉灶，亲朋好友、媳妇娘家人携礼品钱物前来祝贺，主人则设宴款待。

第四章
过节日 赶庙会

韩家村位于红岛之上，在20世纪以前这里与胶东大陆隔河相望。因为环境相对独立和封闭，韩家村至今仍然延续着春节、清明节、端午节等传统节日和习俗。与此同时，随着社会经济的不断发展，韩家村也逐渐形成了老人节、渔祖郎君庙会等颇具特色的新兴节会。

一、大 节

中国传统节日通常按照时序进行，形成一年四季、周而复始的节日和习俗，韩家村也不例外。不过，在韩家村人看来，传统节日的重要性是有差别的，因而形成了一套村民自己的节日分类体系，即“大节”和“小节”。一般来说，年节、清明、端午和中秋是大节，而二月二、谷雨、六月六、鬼七、七夕、重阳、十月一、冬至等则为小节。

年节 在韩家村，从农历腊月初八开始一直到正月十五，称“年节”。年节时间长、习俗多，是该村最为重大的传统节日。

进入腊月，人们就开始“忙年”了。而腊月初八是腊月遇到的第一个节日，俗称“腊八节”。据老人们回忆，1949年以前，每到这天早上，家家户户要用黄米、白米、小米、花生、红豆、大枣、栗子、果仁8种食物煮腊八粥喝，粥内

有枣子和栗子，寓意“早(枣)下力(栗)气”，有喜庆丰收和预祝来年五谷丰登之意。到了20世纪五六十年代，腊八上午那顿饭是用小米做“干饭”。方法是把半生不熟的小米捞出来，倚着锅贴着，再煮上大白菜、粉条。人们平时很少吃这种饭，只在腊八那天才吃。随着社会的发展，物质越来越丰富，韩家村现在做腊八粥所用的已经不再局限于上面提到的八种粮食，如瓜子等也可用来做粥。除腊八粥外，村民在这天还做“腊八蒜”。方法是用糖、醋把刚下来的新蒜腌起来。据说，腊八这天腌制的蒜格外好吃，因此这个习俗一直传承到今天。到了腊八就意味着春节将至，当地有“过了腊八把年数，还有二十二天二十二宿”“吃了腊八粥，就把来年数”①等说法，这提醒人们做好过年的准备。腊八过后，家家开始大扫除、粉饰墙壁、洗澡、理发、做新衣鞋、买新帽，准备迎接新年。

腊月二十三，俗称“过小年”。这天早上，村民在灶台上贴“灶马”。灶马，是民间木版彩印的灶君神像，上端印有灶君骑马的小像。到了这天晚上，村民在灶台旁边摆上糖果、饺子，一边烧香、烧纸，一边将灶台上的旧灶马揭下来烧掉，口中念道“上天言好事，回宫降吉祥”，这个过程叫作“辞灶”。据说，这天灶王爷上天向玉皇大帝汇报，人们怕他乱说话，因此送他走的时候供些糖果——一方面希望他吃了糖果嘴变甜，只说好话，不说坏话；另一方面因为糖果很黏，吃了以后嘴被黏住，他就说不了坏话了。在当地，辞灶日期还有“官三民四，道士和尚廿五”的讲法。据说，腊月二十四日过小年，是因为穷人闯关东或在外不能赶在二十三日回家，于是就等一天再过。若非如此，一般老百姓也都按照腊月二十三来过。1949年以前，腊月二十三人们吃面条，现在每年腊月二十三包饺子。过了二

灶王骑马小像(龙圣摄)

① 韩明扬，男，后韩家村人。访谈时间：2014年1月1日。

十三，新年更近了。此时，男人们忙着赶年集，置办年货；女人们蒸馒头、做年糕、包豆包、做豆腐、蒸鱼、煎肉，好不热闹。

腊月三十日，俗称“除日”。这天上午，家家户户贴春联、春花，在堂屋正北悬挂“轴子”。男主人列祖位、置香案、摆供品，男性晚辈依次磕头祭拜。中午全家团圆，吃隔年饭。下午，各家男性子孙到祖坟祭祖，并请先辈亡灵回家过年，叫作“请年”。回来的时候，要在院子中间撒上些麸皮，意为让祖先回家后喂马；同时还要在大门口放根拦门棍，意思是防止马匹跑失或强神恶鬼进入。当晚9点左右，家家户户放鞭炮，迎接灶王爷回来。晚上十一二点钟，各家煮饺子、烧纸钞、放鞭炮，按照指定的方位接财神，俗称“接年”。完毕后，晚辈给长辈磕头，长辈给晚辈“磕头钱”，也叫“压腰钱”。随后，全家上炕吃饺子。饺子有包糖的、包枣的、包栗子的、包钱的，寓意“吃着糖，过得强”，“吃个栗子，过好日子”，“吃着钱，过好年”。其中，尤以吃到钱最为幸运，吃到的钱越多，预示着新的一年中财运就越大。饭后，男性晚辈要挨家挨户到本支族磕头拜年，见面问过年好、说恭祝发财等吉利话。是夜，家家焚香燃烛，通宵不眠，叫作“守岁”。

过年悬挂的家堂轴子(韩家民俗村提供)

正月初一春节，人们开始走亲戚，或给朋友拜年，谓之“走年”，一直持续至正月十五。正月初二晚上9点前，各家煮饺子、放鞭炮、降轴子，随后撤去拦门棍，全家人一起吃饺子“送年”。韩家村人认为春节“主全年吉凶”，因此年节里特别是年夜至初二，言必吉利——饺子煮破要说“中了”或者“挣了”，香火燃尽要说“进了”或者“满了”，取“进财满福”之意。此外，初一、初二不准扫地、泼水、脱衣睡觉，直到初二晚上送年过后才允许进行。正月初三，新婚男女一起到岳父母家拜年，村内则组织踩高跷、跑旱船等娱乐活动。

正月十五是传统的“元宵节”，也叫作“灯节”。此日韩家村有做神虫、面灯的习俗。“神虫”是用白面做成的酷似三脚蟾、刺猬一类的动物。面灯则是用地瓜面、白面做成的。造型很多，有莲花灯、月灯、鸡灯、狗灯、猪灯等。一年中如果有十二个月，村民就做十二个面灯，有闰月则多做一个。每个面灯表示一个月，月份显示在灯角上，一月捏一个角，二月捏两个角，以此类推。除此之外，村民还要多做一些面灯，在正月十五傍晚带到祖坟使用。这一天傍晚，家中男性长辈带上面灯、鞭炮、香纸，带领子孙到祖坟“送灯”。届时，子孙先把面灯点燃，绕祖坟照一圈，希望照得鼠、蛇、蚊、蝇不敢骚扰祖坟，再将面灯放在坟顶，一个坟头放一盏灯，上香、烧纸、放鞭炮、磕头，最后礼成回家。1949年以前，家贫的人或叫花子到了正月十六早晨就上坟头去“吃灯”。后来，村民觉得用面灯送灯风大时不易点燃，于是就改用灯笼送灯。到现在，村民都用手电筒送灯了。元宵节晚上，孩子们最喜欢燃放“滴滴金”。“滴滴金”是用细软薄纸卷成的三四厘米长的简易烟花，点燃后会喷射出闪亮的金星。女人们把“鸡灯”装上食油，点燃灯芯，到门里屋外、墙角旮旯照照，边照边念“鸡灯、鸡灯，哪里照，哪里清”。因为鸡喜欢吃虫子，所以民间认为用鸡灯照射可以驱虫，祈求来年一年十二个月不遭虫害。照好后，女人们将供奉的神虫放在粮囤、粮仓，用来祈求神虫保佑，五谷满仓。20世纪80年代，集市上开始售卖汤圆，韩家村人又增加了元宵节吃汤圆的习俗。以前，在正月十五这天村里还要演关东剧（即墨的一个地方剧种），这最受老人们的欢迎。

清明节　韩家村人清明节有祭祖坟、荡秋千、喝菠菜汤、吃鸡蛋等习俗。明清节前一天为“开明日”，也叫作“大寒食”。以前村民每到清明节，要到祖坟地里把坟修修、培培土。如果父母一方尚在，则将坟堆成圆台形，坟头为

平顶;如果二老双亡,则填成圆锥形。若死者未过周年,当天要哭祭新坟。现在,村里已经没有坟地了,所以清明节填土的习俗也就没了。在过去,清明节前一天是出嫁的女子给自己去世父母上坟的日子,但现在大多改在清明节当天了。清明节前一天和当天不能动烟火,有些人家天不亮就做熟早饭,或者在前一天煮鸡蛋。这一习俗一直延续到现在。在以前,若是清明节与三月三重合,韩家村没有出嫁的闺女在这天不能见自己的娘,得跑到外边躲起来。据说,如果未出嫁的闺女在这天见到娘,娘就会死,对娘不利。如今这一习俗在韩家村已经不多见了。

出嫁的女儿清明前给娘家祖先扫墓(俞理婷摄)

清明节当天,当地又叫作“小寒食”。以前,男女青年、儿童在这天头戴杨柳枝、松柏枝,穿新衣,现在则很少见到清明戴柳的习俗了。这天上午,子孙要去祖坟上坟,一般时间是上午 8～11 点,不能超过 12 点,因为在当地有“下午不上坟”的说法。上坟回家后,中午有的人家吃饺子,有的人家做一桌丰盛的午餐,其中有一道是菠菜汤。菠菜是绿色的,寓意春天的到来。如果父母健在,一定要把他们请来一起吃午饭。饭后,村里有荡秋千、看新媳妇等活动。届时,村民在场院里用两根大杆子竖起个秋千来,青年男女都去玩。1952～1953 年,韩家村还有竖秋千、荡秋千的习俗,现在已经不流行了。但是饭后看新媳妇的习俗一直到现在仍然存在。不论男女老幼都喜欢去看新媳妇、凑热闹,结婚不足一年的新媳妇要盛装接待前来“看媳妇”的亲戚朋友。

清明节第二天，旧俗是出嫁的女儿回娘家，给父母送些吃的东西。现在如果女儿没有时间，也可以不回娘家。如果父母已经不在了，出嫁的女儿这天就不再回娘家了。

端午节 农历五月初五是端午节，又叫“端阳节”。这天，韩家村家家户户在屋檐下、门上和窗前插上艾蒿。男人们在此日配制雄黄酒喝，以避蛇虫。妇女、儿童则佩戴香袋并且一大清早起来就到野外用手巾“拉露水”擦手、洗脸，据说这样做可保全年精神旺盛。此外，妇女、儿童还在手腕上系五索线（五色线）以驱邪气、避虫害。当天，村民以粽子、面食为节日主食。面食呈半圆形，里面放有红糖。端午节插艾蒿、喝雄黄酒、吃粽子、吃面食的习俗，在韩家村至今尚存。

中秋节 农历八月十五是中秋节，又叫“团圆节”。当晚，家家户户准备美酒佳肴，全家一起把酒赏月、吃月饼，寄托“花好月圆人长寿”的愿望。

二、小　节

二月二 农历二月初二为青龙节，俗称“二月二”“龙抬头”，又叫“觅汉节”。相传，武则天改国号为周，自封大周武帝。玉皇大帝闻之大怒，命太白金星传喻四海龙王三年内不准向人间降雨，要让庄稼枯死。唯独司掌天河的玉龙为救民违旨兴雨，被压在一座大山下受罪。玉龙若想重返云霄阁，除非金豆开花。人们为了报答玉龙救命之恩，急待金豆开花。到了第二年二月初二，人们心生一计，把苞谷、豆子炒一炒，不就是金豆开花？一传十，十传百，家家将炒豆供在当院，太白金星人老眼花，便一甩拂尘。玉龙一声长啸，腾跃云间。转眼之间，沟平河满，地得饱和。因此，二月二这天，村民有“炒糖豆”的习俗并传承至今。“炒糖豆”的方法是先将黄豆用水泡好，再用面一沾，浇上糖，上锅炒，炒熟了，吃起来甘甜甘甜的。也有人用地瓜面等面粉、糖类做成菱状，叫作“棋子”。此外，还有人将熟地瓜切块做成糖豆。总之，二月二这天的糖豆很受人们喜爱，当地有“二月二，炒糖豆，大人孩子热炕头”的说法。

过去在二月二这天，村民在门口、场院、院内先用锨铲草木灰画一个圆形的囤，然后在囤内画十字，撒粮种，叫作“打囤”，寓意五谷丰登、粮食满囤。

据村民说，很早以前人烟稀少，一村就三五户人家。二月二这天，如果人们在外边地上撒灰（烧草烧的灰）占上，该地就是自己的了，所以要打囤。后来人多了，没地占了，打囤就变成祈求丰收的仪式了。此外，传说这一天是“觅汉”（指扛活的长工）到财主家上工的日子，也称“觅汉上任”。村里有在这天吃面条的习俗，意思是要拴住觅汉的腿。如今，二月二打囤、吃面条的习俗已不再流行。

谷雨　谷雨这天每家每户都贴避蝎帖，上写：“谷雨三月中，蝎子成了精。手持七星剑，斩除蝎子精。”

六月六　旧时六月六日为闺女“回门节”。相传，春秋时晋国宰相狐偃晚年居功自傲，气死了亲家翁。女婿谋划在六月六日为狐偃生日祝寿之时将其杀之，替父报仇。狐偃的女儿得知，于前一日回娘家报信。此时，狐偃已醒悟，不但不加害女婿，当日还把女儿、女婿以宾客相待，坦述己过。自此，翁婿关系得到了改善。为了吸取教训，狐偃每年六月六日都要招待女儿、女婿，叙叙家常。久而久之，其事传入民间，六月六回娘家便相沿成俗。如今到六月六这天，韩家村新老女婿、女儿都要带上丰厚的礼品到岳父母家拜访，岳父、岳母设宴招待。另外，未过门的新女婿在六月六这天要给未婚妻一定数量的钱财，女方则给公婆每人买上一套新衣服，以示双方友好往来。

鬼七、七夕　韩家村把农历七月初六称为“鬼七”，如果年内本家有亡故者，这一天儿女要穿白衣、扎纸草，持香纸、贡品到坟前祭奠，叫“烧鬼七”。由于人们忌讳“鬼七”，所以从七月初一至初六，出嫁女忌回娘家。此俗相沿至今。

鬼七次日为农历七月初七“乞巧节”。过去，未出嫁的女子在这天举行乞巧活动，即用面粉调鸡蛋、糖、油，用木制模具“磕子”压出花篮、元宝、鸡、狗、猪、蝉、虎、猫、猴、鱼等形状，再焙烙成一个个“饽花”，名叫“巧果”。巧果不但可以吃，还可以用线串起来当作饰物观赏，因此特别受儿童的喜爱。当地人认为孩子吃了巧果会变得心灵手巧。如今，村里乞巧活动已很少见了。

重阳节　农历九月九日，村民有登高出游、蒸花糕的习俗。相传此日为老君得道日，因为老君小名叫“吹儿”，故旧时老君弟子，如铁匠，在这天禁吹口哨。重阳节时秋高气爽，当地有“九月九，龙封口”之说，意谓“过了此节不再打雷下雨”。

寒衣节 农历十月初一为“寒衣节”，与清明节一样都是民间祭祀祖先的节日，俗称“十月一，送寒衣”。每年这一天，家家上坟祭祖。农历十月，一年庄稼都收获完毕，到了“闭门子”，即关闭场院门的时候了。因此，十月初一又是以前觅汉解雇的日子，故又称“下工节”。

冬至 冬至，俗称“过冬”。冬至节的前一天叫作“鬼冬”，当天晚上人们要用饺子供奉祖先。冬至节当天叫作“人冬”，这一天早晨家家户户要吃饺子。

三、老人节

20 世纪 80 年代末，国家开始提倡老年节，倡导全社会树立尊老、敬老、爱老、助老的风气。此时，韩家村人仍在农历九月初九过传统的重阳节，沿袭过去登高出游和蒸花糕的习俗。一些消息灵通的韩家村人或许听说过老年节，但也没有举办相应的庆祝活动，家里的晚辈们也不给老人过节。

韩家村老人节的兴起与村民韩平德密切相关。2003 年开始，在韩平德的倡议下后韩家北村办起了老年人协会，在九月初九重阳节这天给老人们分发慰问品，组织村民表演节目庆祝老人节，村里掀起了一股敬老、爱老的风潮。于是，韩家村开始有了老人节。2013 年 10 月 31 日是中国第一个法定老年节。据 2013 年 7 月 1 日起实施的《老年人权益保障法》规定：“每年农历九月初九为老年节。”若从 2003 年后韩家北村兴起老人节算起，韩家村人过老年节比起国家规定早了整整 10 年。

2003 年刚兴办的时候，老年人协会、老人节仅限于后韩家北村，庆祝活动在韩家小学的操场上举行。村里的表演能手们，幼儿园、小学的孩子们纷纷加入演出。演出节目有歌唱、演奏、舞蹈，也有小品、吕剧、柳腔等曲艺。后来，老年人协会逐渐扩展到后韩家南村、前韩家村，老人节庆祝范围也逐渐扩大。与此同时，老人节的表演队伍也越来越庞大。韩家民俗村建好后，老人节的庆祝活动在民俗村有了专门的舞台。

经过长期的发展，老人节在韩家村已发展成为比较固定的新兴节日。不仅村集体在这天给老人们过节，家中晚辈也在这天为老人们庆祝，出嫁的闺女也要在老人节前专门带礼物看望父母。尊老、爱老的风气在韩家村盛行起来。

韩家村老人节文艺汇演(老年人协会提供)

四、渔祖郎君庙会

渔祖郎君庙会,又称“东夷渔祖郎君节”,是在韩家村郎君崇拜基础上发展起来的新兴庙会。以前,韩家村东头建有一座郎君庙,里面供奉着渔祖郎君,村民及附近老百姓常来庙里祭拜,因此郎君庙香火鼎盛。“文化大革命”期间,郎君庙被拆除,祭祀活动一度中断。自 2012 年开始,韩平德在村旁建起了韩家民俗村,在民俗村里重建了郎君庙,并开始复兴郎君祭祀活动,因而形成了新兴的渔祖郎君庙会。

渔祖郎君庙会,以每年清明节前一日至节后一日为会期,历时 3 天。自 2012 年第一届至今,韩家村渔祖郎君庙会已成功举办了六届。它不仅成为韩家村村民的盛会,而且还吸引了大量的游客参与其中。经过几届的精心筹办,如今的渔祖郎君庙会已经形成了比较固定的节日流程和活动内容。

1. 会前准备

为举办好渔祖郎君庙会,在庙会之前一段时间,韩家村的乐队和戏曲表演者就开始到民俗村集体练习。其他村民也各自分头去准备庙会的前期工作。除本村的人外,韩家民俗村还从外面请人来助阵,比如青岛市炎黄文化研究会艺术团每年都被邀请参加渔祖郎君庙会。一般在庙会的前一天,被

邀请的人会提前来到韩家民俗村，进行节前的彩排工作。这天晚上，按照惯例，韩家民俗村创办人韩平德会举办晚宴招待筹备郎君庙会的村民和从外面邀请的表演队伍，并在席间布置好第二天的活动。

2. 庆祝过程

庙会第一天的主要活动有摆供品、民俗表演队巡游、开幕式、祭祀仪式、地方民俗表演、商品交易、拎花篝火晚会等。

摆供品　渔祖郎君庙会第一天一大早，大概 5:30，韩家村村民和青岛市炎黄文化研究会的人员就一同到民俗村中摆供品。到了民俗村，他们分工合作：青岛市炎黄文化研究会主要负责天后宫、盐宗殿、娘娘庙等处，大部分供品是他们从青岛市区带来的。摆供时先烧香，然后发纸（即烧纸），最后才摆供。先烧香的意思是香到神知，给神报信。摆供的仪式由会长主持，每到一间殿前先点上九根香，插成元宝的形状，叫作“进财香”。烧香时，会长口中念念有词，双手掌心向上，抬高至鼻处，意思是先敬天上的神仙；然后在腰的位置把手向四周划一圈，意思是敬狐仙等各路神仙；最后手掌向下，意思是敬地下的各路神仙等。上香时，会长旁边还有一位助手颂念天地通行文书。随后，会长及会员一起磕头、鞠躬，焚烧黄表纸与纸钱。此后，摆供活动正式开始。供品有三牲、水果、糕点、花饽饽、五谷、塑料花等。

摆供（俞理婷摄）

韩家村村民负责庙会最重要的活动场所——郎君庙前的供品摆放。他们在韩家村村民在研究会会长的指导下摆设供品。供品有三牲、水果、糕点、花饽饽等。除饽饽外，其余供品都是韩家村村民自己准备的。

当天的供品种类丰富、摆设讲究。具体而言，三牲包括整羊、整猪、整鱼。当地饽饽有喜字饽饽、寿桃饽饽、五福饽饽（每个重 10 公斤）、四层五福饽饽、十二生肖饽饽、猪头饽饽、鸡饽饽、鱼饽饽、花篮饽饽、燕子饽饽、葫芦饽饽等。供品还有“江山花篮”和“消灾萝卜”。“江山花篮”是在红色花盆中叠放生姜，堆出“山”的样子，“山尖”高出花盆约 10 厘米，用红色绳子捆绑，“姜山”上插满康乃馨、月季、牡丹等各色塑料花和绿色叶子，“姜山”谐音“江山”，寓意祖国大好河山永在。“消灾萝卜”，是在金色花盆中插 4 根较短的青萝卜，围着一根较长的青萝卜，5 根萝卜捆在一起，周边插 3 朵塑料莲花，有消灾解难之寓意。这些供品从渔祖郎君庙会第一天早上开始摆，一直到第三天的傍晚才撤供。由于民俗村里庙宇较多，所以摆供的速度较慢，一般会持续 3 个小时。

江山花篮和消灾萝卜（俞理婷摄）

猪头饽饽（俞理婷摄）

五福饽饽（俞理婷摄）

鱼饽饽（俞理婷摄）

民俗表演队巡游 摆完供品，上午 9:38，表演活动正式开始。第一个节目是民俗表演队巡游。巡游路线是从韩家民俗村东夷门到韩家村集市路口处，再返回。巡游队伍主要是由韩家村文艺表演队和炎黄文化研究会艺术团的人员组成。具体包括：

（1）乐队，有两个大镲、一个小镲、一个大鼓、两个小鼓、一个锣。

（2）渔民队伍，扮演者身着渔民传统服饰、帽子、猪皮靴，手拿橹、旋网、撒网、捞网、马灯、竹筐等。

（3）驴拉马车，驴拉着木质的马车，赶车人身穿明清时期服饰。

（4）两个舞狮子，每只狮子披两条彩带。

（5）两个跑驴，由人装扮成驴形，着粉色表演服和凤凰冠。

（6）一个媒婆，着玫瑰红绸衫，手拿烟杆、绿色手巾，头戴大花。

（7）十一人手巾花表演队，着绿色绸衫，手拿红色手巾。

（8）两个大头娃娃，一男一女，头戴大头道具，身着粉色绸衫。

（9）七人秧歌队，身着粉色绸衫，头戴凤凰冠，腰系红色长飘带。

（10）西游记三打白骨精表演队，由唐僧、孙悟空、猪八戒、沙僧、白骨精五个角色组成。唐僧等四人头戴面具，身着古装，手拿各自武器道具；白骨精着粉色绸衫，手提一个花篮、拿一块绿绸。

秧歌队巡游（韩家民俗村摄）

巡游队伍经过时，道路两旁站满了前来观赏的村民，过路人也会停下来看上一会儿，场面十分热闹。

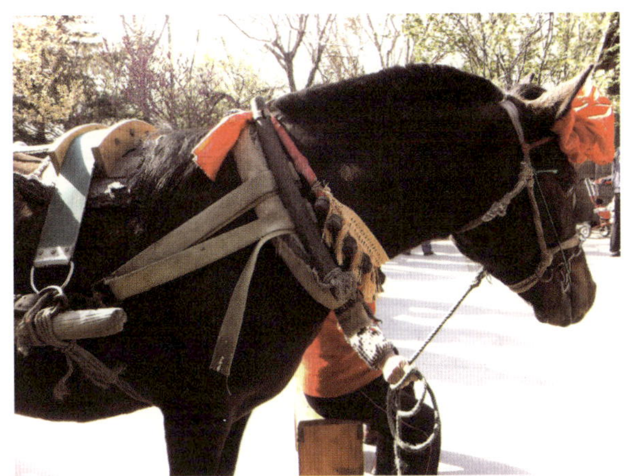

驴拉马车巡游(韩家民俗村提供)

西游记三打白骨精表演队巡游(韩家民俗村提供)

开幕式　巡游队伍回到东夷门后,庙会开幕式开始。每届开幕式都会请当地领导以及韩家民俗村创办人韩平德发言,紧接着是简单的歌舞、戏曲等演出。

祭祀仪式　开幕式完毕,就到了郎君庙会的重头戏——祭祀仪式。参与祭祀仪式的人员主要包括:主持人、主祭人、祭文念诵人以及韩家村及附

近村民和其他游客。仪式主持人一般由后韩北社区居委会领导担任，主祭人为韩平德以及前韩、后韩北、后韩南三社区书记，祭文念诵人为后韩北社区书记。仪式程序是：仪式主持人先宣布祭祀仪式开始，主祭人率领祭祀队伍鸣号、献祭牲，请神祇进入庙前广场。然后，主祭人上香、祭拜，与此同时祭文念诵人在一旁念诵祭文。主祭人祭祀完毕，民俗村员工依次上香、鞠躬。礼毕，主祭人率领仪式队伍退场。此后，前来参加祭祀仪式的群众可自由祭拜。这些群众包括韩家村村民、红岛及周边村落的渔民及游客等。为便于祭祀，民俗村特意安排"看庙人"（即负责管理各庙宇的工作人员）身着统一蓝色布衣，为群众讲解祭祀的步骤、方式和注意事项。

郎君祭祀仪式（韩家民俗村提供）

地方民俗表演 祭祀仪式完毕，民俗村里开始举行盛大的地方民俗表演活动。文艺演出的第一个节目叫作《阴岛渔家谣》，由村里部分妇女表演。《阴岛渔家谣》是民俗村专门编写的歌曲。接下来还有其他很多民俗表演，如渔民摇橹划船表演，撒网捕鱼表演，茂腔、柳腔、吕剧等地方戏曲表演，民间歌曲演唱，挖蛤蜊，渔家乐等韩家村村民自编自演的节目。下午，郎君庙前也有文艺演出，最后一个节目是渔家大嫂表演的《挖蛤蜊》。大约在下午4点，整个文艺演出结束。

商品交易 与各地庙会一样，韩家村的渔祖郎君庙会期间也有很多的

小商小贩来做买卖。郎君庙会上的商品，主要以海鲜小吃为主。交易的商品包括：祭祀用的香纸，元宝，蜡烛，祭文，干鲜海产品，各类小吃（如老北京的糖葫芦、榴莲酥、臭豆腐），手工艺品（手链、香囊等小饰物），玩具（木剑、木刀、水枪等），衣服以及其他生活日用品，等等。此外，在庙会上还有套圈的、做糖人的、做棉花糖的，深受小朋友的喜爱。

拎花篝火晚会　庙会第一天晚上，有韩家村拎花表演以及篝火晚会。篝火晚会上，众人围绕着熊熊篝火共同跳舞、庆祝。人们在篝火中烤着各种鱼类，表达渔民祈盼来年出海平安、收获满仓的美好心愿。

除了巡游、开幕式和主祭活动外，渔祖郎君庙会第二天、第三天基本上延续了第一天的活动，比如民俗表演、商品交易等。庙会期间的韩家村是全年中最热闹的时候，除了村民和工作人员外，红岛周边村落的村民、青岛市区及外地的游客、新闻媒体工作者以及摄影爱好者纷纷赶来，这为村民的生活平添了不少色彩。

第五章 神灵与祖先

与其他村落一样，祭祀是韩家村老百姓生活的重要组成部分，其祭祀的主要对象有灶王、财神、天地、郎君、娘娘、关老爷、天主、龙王龙母和祖先。通过长期的生活实践，村民围绕这些神灵和祖先，形成了丰富多彩的祭祀活动。

一、灶　王

灶王，是韩家村祭祀的重要神灵，年节期间家家户户都要举行辞灶、接灶的仪式。每年腊月，村民置办年货时从集上请一张灶王像回家。灶王像分上、中、下三部分：最上面是一张灶王骑马的小像，中间是来年的二十四节气和敬神说明，最下面的是灶王夫妇神像。传说中间的是灶王张郎，左边的是其前妻郭丁香，右边的是其继妻李海棠。

腊月二十三这天早上，村民将整张灶王像贴在锅台后面，旁边摆上供品。旧时一般是摆上三碗面、三双筷子和糖瓜等，现在一般是三碗饺子（每碗六个或八个）、三双筷子和糖果等。据说，腊月二十三这天灶王爷上天汇报人间发生的事情，民间供糖瓜、糖果是为了把灶王爷的嘴黏上，让他说不了坏话；或者让他的嘴变甜，只说好话。二十三这天晚上六七点钟，村民烧香、烧纸，并把最上面的灶王骑马小像割下来烧掉，叫作“辞灶”，意思是送灶王爷上天去汇报工作。

在除夕晚上九十点钟放鞭炮接神之前，村民请灶王爷回家过年，叫作“接灶”。接灶的时候，各家各户先在锅灶那儿烧香、烧纸，把灶王夫妇神像揭下来烧掉，然后再去院子里烧香、烧纸、磕头，就算把灶王爷接回来了。为何灶王夫妇神像从腊月二十三保持到除夕晚上才烧掉？村民认为，腊月二十三灶王爷骑马上天汇报工作去了，家中不可一日无主，因此灶王夫妇神像从这天起一直贴在灶台不动。到除夕这天灶王回来，家中便不再需要灶王夫妇神像了，所以除夕晚上就烧掉这张神像，迎接灶王归来。接灶后，村民在灶台上贴一张灶君神位，年节期间在神位前烧香供奉，一直到正月十五早上再将神位烧掉，表示年节期间祭祀灶王爷的仪式结束。

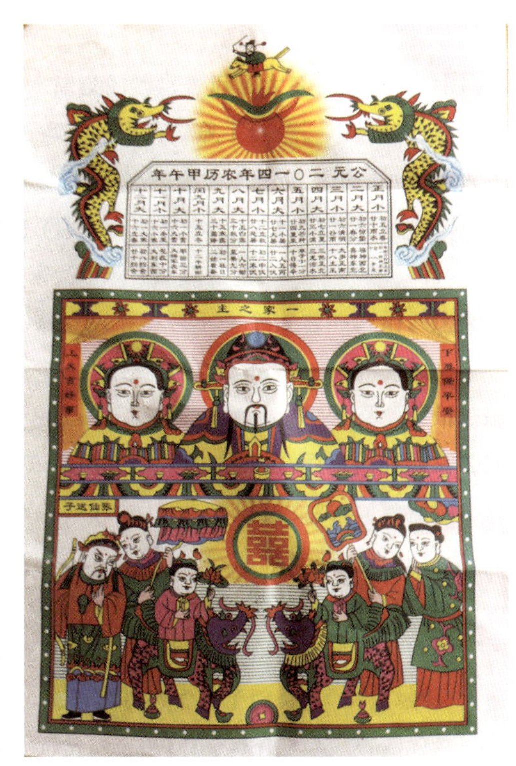

灶王像（俞理婷摄）

以前，从腊月二十三贴上灶王像开始，出嫁的闺女就不准来娘家了。直到除夕烧掉灶王像后，正月初三这天，出嫁的闺女才能回娘家。村民的说法是，不能让出嫁的闺女看见她娘家的灶王爷，否则对娘家不利。倘若有出嫁的闺女在这段时间回家的话，娘家人就得把灶王神像反过来贴着，总之不让她看见娘家的灶王爷才行。直到今天，韩家村仍有这样的风俗。

二、财　神

财神，是财富的象征，历来受民间重视，韩家村也不例外。每年除夕晚上，村民家家户户都要接财神。仪式之前要先准备财神像。村民在腊月办年货时即从集上请回一张天地全神像，其中就包括财神像，除夕晚上接财神前先把财神像从全神像当中剪下来，放在盘子上，晚上 11 点左右，村民端着盘子，带着饺子、馒头、香纸到大门外的街上（也有的人家在院子里）去接财神。灶王像中间的二十四节气里有接财神的方位说明，比如上面若写的是“初一财神正南”，那么村民接财神的时候就把盘子朝着正南方向放在地上，盘子前面摆上供品，村民一边烧香、烧纸，一边对着盘子磕头，磕完头放鞭炮，把接财神的盘子拿回家，再把盘子里的财神像贴在堂屋中间的墙壁上供奉，这样就是将财神接回家了。接财神时一定要保持安静，不可大声说话，以免吓跑财神，不吉利。以前，接财神的仪式一般是由家中男性去做，女性很少参与，现在也不乏女性参与其中。

接财神后，村民留财神在家中过年，希望能给自家带来财运。直到正月初二（也有的是正月十五），村民才将财神像揭下来烧掉，送财神上天归位。

三、天　地

韩家村有过年敬天地的风俗。除夕中午，村民在院子正南方摆放一张供桌，上面有“天地棚”、小香炉和若干供品（也有的人家不摆供，光设香炉而

“一千二百神”（俞理婷摄）

已),用以供奉天地诸神。天地棚分为两部分:一为天地诸神像,一为天地牌位。神像是一张长方形的白纸,中间有一幅小图,上面绘有若干神像,代表了天地三界诸神,俗称“一千二百神”。除此以外,这幅图像四周还绘有天地三界诸神当中与民间日常生活关系最紧密的神灵的神像,共计19幅,包括佛爷、火神、关帝、山神、牛马王、城隍、增掠二福、贵神、三官、皂神、增福财神、喜神、菩萨、娘娘、送生娘娘、土地、龙王、宅神和家堂。牌位是一张长方形的黄纸,上书“天地三界十方万灵真位”或“天地三界十方万灵真宰之神位”。也有人认为,天地棚是用来祭祀姜子牙的。据村民吕建华讲,姜子牙封了众神,自己却没有被封。申公豹就讽刺他说:“别人都封上神了,你怎么没被封神?”姜子牙的师傅听了就说:“子牙,从今往后每家都有你的神位。”从此,家家户户都在过年的时候设天地棚来供奉姜子牙。[①] 她这是按照《封神演义》中情节进行推演的。

天地牌位(龙圣摄)

以前,除夕中午安放好天地棚以后,村民就开始烧香敬天地,烧完了再接着烧,不能间断。现在已经不像以前那么讲究了,有的村民一天当中早、中、晚各上一次香。除夕晚上十一二点钟先接财神,接下来再敬天地。届时,村民在天地棚前烧香、烧纸、磕头,同时把一张红色的表文烧掉,上书:

> 中国××省××市(县)××乡镇××村居住祈福保安信人××幸生中土,添在人间,宰蒙神明之佑,得享安乐之福,思欲恨无由,今逢元旦之吉日,特备金银若干无数,沐浴焚香,叩于天地三界十方万灵真宰。××年正月初一日。

① 吕建华,女,前韩家村人。访谈时间:2014年1月1日。

敬天地是一场接神仪式，即将天地诸神接到家中过年，每天烧香供奉，一直到正月十五的晚上才送神。送神的时候，村民一边焚香纸，一边将神像和牌位烧掉，最后再撤掉供桌。

四、郎　君

据村民说，“郎君”是先民对伏羲大帝的昵称，一直延续至今。韩家村村民崇拜郎君，建有庙宇祭祀他，并将村东海边的水道称为“郎君港(jiāng)”。村东海对面有一山峰，峙立海滨，山顶有一庙堂称“女姑庙”，是民间祭祀女娲娘娘的地方。“郎君”“女姑”是民间对伏羲大帝、女娲娘娘的称呼。由于伏羲大帝(郎君)教民结网而渔，是护佑渔民的神祇，因此被民间尊称为“渔祖”。韩家村靠海，历来渔业发达，因此村里有郎君庙和祭祀郎君的风俗。由于缺少文字资料，韩家村郎君庙的起源已无从考证，但传说明朝就已经有了郎君庙，位于村东北角。此外，当时村西还有三官庙、娘娘庙。

民俗村内重建后的郎君庙(龙圣摄)

清朝顺治年间，在一位风水先生的指点下，郎君、三官、娘娘三庙从村东北角迁到村东，呈“品”字形分布：郎君庙在东，三官庙在西，娘娘庙在北。从此以后，韩家村韩姓人逐渐发展起来，而原来村里生活富裕的马姓人则渐渐衰败，最后绝了户。据说迁庙后，郎君庙就一直位于村东，清嘉庆二十四年

(1819年)时重修过。1949年以前,郎君庙内住有道士常明乾,他以小偏方给村民治好了不少疑难杂症。村民非常喜欢他这样花钱少、治病快的先生,经常送他些地瓜、饼子吃,并亲切地称呼他为“地瓜先生”。直到今天,村里的一些老人还时常讲起郎君庙和地瓜先生的故事。20世纪50年代初期,郎君庙遭到破坏,至“文化大革命”期间被彻底拆除,庙址变成韩家村小学的一部分。2012年,韩平德根据自己和其他村民的记忆在韩家民俗村重建了郎君庙,使郎君崇拜这一文化传统得以复兴。

郎君庙之所以受到韩家村村民的重视,是因为它是当地保佑渔民出海的重要神祇。据韩明扬回忆,1949年以前,拜郎君是韩家村及附近渔民的风俗习惯。一般在渔民出海前、出海后以及清明节、端午节等大部分节日(八月十五除外)都去郎君庙祭拜。其中尤以渔民出海前祭祀郎君的仪式最为隆重。出海之前,渔民用席子在船舱铺好床位后就到韩家村里去买祭品,抬到村东的郎君庙去祭拜。祭品一般包括三牲(猪头、鸡、鱼)和5个大馒头。到了郎君庙,渔民烧香烧纸、磕头祈祷,希望郎君保佑他们出海期间风平浪静、渔业丰收、平安归来。“文化大革命”以后,韩家村郎君庙被拆,渔民在春天第一次出海的时候,就拿着香纸、鞭炮到村东头海边上祭祀郎君。届时,村民简单地烧上一些香纸,磕三个头,放一串鞭炮,再祈祷一番,仪式就完成了。[①] 自2012年韩家民俗村重建郎君庙后,郎君祭祀逐渐恢复并发展成为新的庙会节庆活动。与此同时,传统的郎君祭祀也逐渐被新的庙会祭祀所取代。

祭祀郎君(韩家民俗村提供)

① 韩明扬,男,后韩家北村人。访谈时间:2014年1月1日。

五、娘　娘

旧时在韩家村村东的码头上，设有娘娘庙，里面供有海神娘娘、送生娘娘和痧斑娘娘等。据村民回忆，海神娘娘是娘娘庙的主神，供在庙的中间，她的左、右两边是各种娘娘，如送生娘娘、眼光娘娘、痧斑娘娘等。以前，娘娘庙有求必应，香火旺盛。比如，渔民出海的时候，就拿着祭品来庙里祭拜海神娘娘，希望顺利出海、平安归来。村民要是结婚没有小孩的，就去拜送生娘娘，烧香烧纸，磕头许愿。如果怀孕生了小孩，就去送生娘娘跟前还愿。要是有谁眼睛不好使，可以去祭拜眼光娘娘，她专管治疗眼疾。倘若小孩长疹子，家长就去拜痧斑娘娘，祈祷孩子早日病愈。“文化大革命”以后，娘娘庙与郎君庙一起被拆除，庙址变成了韩家小学的一部分。2012 年开始，娘娘庙在韩家民俗村重建，村民拜娘娘的传统也得以复兴。

六、关老爷

韩家村特别崇拜关帝，以前村里仅关帝庙就多达三座：一座在村东凤凰湾西岸上；一座在后韩家村韩家大街北侧肖家胡同对面，面对肖家胡同；一座在村西部南北大街与东西大街十字路口西北角。这三座关帝庙的建造时间，已无据可查。据村民讲，旧社会兵荒马乱，偷鸡摸狗者多，韩家村建这些关帝庙主要是为了震慑那些作乱的人，保一方平安。比如肖家胡同，以前那里的村民生活得很不好，经常被偷东西，村里的有钱人就在胡同对面修了一座关帝庙，让关帝来震慑那些小偷小摸之人。

在韩家村三座关帝庙中，肖家胡同对面的关帝庙在 20 世纪中叶重修过。1941 年的一天晚上，庙内的关老爷、关平、周仓三尊神像被人搬出，抛在距庙 50 米处的南湾里，第二天早晨被人发现。因为神像是泥胎所做，被发现时已经被水浸泡得不像样，人们只能把这些残缺不全的神像搬回庙内。1943 年，村里从海东（指胶州湾东部李沧、流亭一带）请来雕塑老师，用了 3 个多月的时间重新雕塑了三尊神像，并选择吉日将神像安于庙内。当天，村民请来道士诵经，摆上三牲、大饽饽等供品，燃放鞭炮，修复了这间关帝庙。

村东头重建后的关爷庙(韩家民俗村提供)

据村民韩明扬回忆,修复后的关帝像有1米来高,手上拿着一本《孙子兵法》,后面跟着关平和周仓两位大将。[①] 另据韩平德回忆,韩家大街有一个四方形的台子,高约1米,村中部的关帝庙就建在这个台子上。庙非常小,长约2米,宽1米多,面积也就三四平方米。关帝庙里面,中间供的是关老爷,左边是关平,右边是周仓,三个神像修得栩栩如生。庙内侧墙壁上绘有三幅壁画:第一幅是《桃园三结义》,第二幅是《三将战吕布》,第三幅是《温酒斩华雄》。小时候,韩平德和小伙伴们整天在村中间的关帝庙爬上爬下,有的去摸摸周仓的大刀,有的在关帝庙附近捉迷藏。[②]

据村民讲,村里的三座关帝庙在传统节日(尤其是春节期间)里香火很旺。从年除夕开始到二月二,三座关帝庙香火不断,有得了病灾到庙上还愿挂帐子的,有去烧香求财的,等等。可惜的是,三座关帝庙在1966年"文化大革命"时期被拆除。2006年,韩平德从绍兴请来建筑师傅在后韩家村东头凤凰湾边重修了一座关帝庙。新关帝庙建在一个高约40厘米的长方形台子上,庙长约2米,宽1米多,高约2.5米。庙正面开有一扇高约80厘米的小门,门额上写有"协天大帝"四字,门的两边有"乃文""乃武"四字。门正对着的是关老爷的塑像,高约1米,红脸黑髯,手执兵书,旁边是关平、周仓二将。

① 韩明扬,男,后韩家北村人。访谈时间:2013年12月26日。
② 韩平德,男,后韩家北村人。访谈时间:2013年12月25日。

三人背后的墙面上绘有《温酒斩华雄》壁画。关帝庙前有一个高约80厘米的石质香炉，上刻一个大大的"福"字，供村民烧香、祭拜使用。

七、天　主

清宣统三年(1911)，德国人占据胶州湾，有传教士在后韩家村后街北侧建天主教堂一所，建筑面积为93.81平方米。教堂较为宽敞，能容纳100多人，教堂后院建有东、西厢房各三间，伙房、仓库设在里面。北面建有正屋6间，作办公、宿舍用。据村民韩明扬回忆，20世纪40年代村里来了位传教的牧师，叫隋师娘，以该天主教堂为据点开展传教活动。那时候，每个礼拜天，她都诵经礼拜，教徒在下边听，她在上边讲。于是村里的教徒人数逐渐增多，最兴盛时信徒多达100人。①

天主教堂(龙圣摄)

中华人民共和国成立后，村里就很少有天主教信徒了，天主教堂长时间被闲置。现在教堂屋舍保存较好，但已经被改作村里的幼儿园了。近来，村民当中又开始有人信仰天主教，但在村里没有公共的活动场所。

① 韩明扬，男，后韩家北村人。访谈时间：2013年12月28日。

八、龙王、龙母

韩家村村民，特别是村里的渔民特别崇拜龙王、龙母。据村民传说，龙母是高家村人，结婚多年没有孩子。有一天，她在河边洗衣服，河里飘来一颗枣子，龙母吃了枣子就怀孕了，后来生下一条黑龙。黑龙一出生就飞走了，第六天回家吃奶时把龙母给吓死了，黑龙的父亲就用镰刀砍掉了他的尾巴。黑龙飞到东北，打败了当地的白龙，就有了后来的黑龙江。因为黑龙老家在山东，所以他特别关照闯关东的山东人。山东人坐船过江遇到风浪，只要一喊"山东人来了"，黑龙就保佑他们安全渡过。因此，山东很多地方都崇拜黑龙。韩家村村民也是如此。

韩家村附近的高家村有座青云宫，又称"龙王庙"，里面供奉着龙王、龙母及三霄娘娘。每年阴历九月二十五日至二十九日是青云宫庙会的会期，韩家村村民纷纷前往赶庙会。青云宫里有龙母殿、龙母坟，村民有去殿里求子求福的，有去祈祷病愈的，也有祈求出海打鱼顺利的，等等。每当出海捕鱼离港时，村里的渔民便拿着香纸，磕头，拜拜龙王、龙母，祈求风平浪静、出入平安。海阳、乳山，那边还有个小龙王庙，村里的渔民就用带来的猪头祭龙王，祈求平安和丰收。这些风俗一直到今天仍然存在。

九、祖　先

祭祀祖先，是韩家村信仰生活的重要内容。按照祭祀地点和仪式的不同，村民祭祀祖先可分为墓地祭祖、祠堂祭祖和家堂祭祖三种类型，简称"墓祭""祠祭"和"堂祭"。

墓祭　墓地祭祖是韩家村村民祭祀祖先的方式之一，多发生在春节、清明、农历十月一等节日期间，其中尤以清明节期间的墓祭最为重要。

如前文叙述，以前在清明节的前一天，村民要到祖坟地里把坟修修，培培土；清明节当天上午，子孙再去祖坟祭祀先人，去的时候，用红包袱包着祭品，包括肉菜（鱼、虾、肉等）、5 个大饽饽、酒、香、纸、元宝、表文等。在祖坟祭祀的时候，子孙要摆上供品，烧香、烧纸，并向祖坟磕头，最后放鞭炮完成祭祀。

1958年大炼钢铁的时候，许多坟地被挖开，棺材被拿去炼钢炼铁。1978年，红岛开始推行火葬，村民的祖坟被摊平。1988年，韩家村划出村西北方向的一片盐碱地作为集体公墓，村里许多祖坟都迁到了公墓。2006年，红岛在高家村规划公墓——怀念堂，大多数村民又将祖坟迁到那里。经过反复变动，如今韩家村附近已经很少有祖坟了，所以明清节前一天填土的习俗已不再流行，但清明节上坟的传统仍然未变。由于怀念堂距离韩家村较远，到了清明的上午，只有那些家里有车的村民才去这个公墓上坟，没有车的村民仍然到老坟地附近去上坟，或者在村头朝着怀念堂方向祭拜。去之前，村民提前准备好上坟用的祭品，一般是5种肉菜(如鱼、虾、火腿肠、螃蟹、肉饺子、烧肉等，只要是5个荤菜就行，不能用素菜)、5个饽饽，放在一个托盘里，用红色包袱包好。香纸、元宝、表文、白酒、饮料等用塑料袋装起来。然后，家中男女老少一起去上坟。就近上坟的村民到了地方，先用树枝在地上画出一个圈，这样做主要有两个原因：一是祖坟已经没有了，在地上画个圈代表祖坟；二是在圈内烧香、烧纸，可以起到防火的作用。接下来摆供品，一般是摆5个碗，盛5种肉菜。也有的村民为了少带2个碗，把5种肉菜放在3个碗里，但是5种肉菜是一定不能少的。摆好供品后就把香、纸、文书等一起烧掉。

烧文书之前，村民在文书的空格中填上祖先的名讳，认为只要“办书”了(烧过表文)，不管是不是去真正的坟地上坟，家里过世的老人都能知道，也能收到子孙的供奉。因此，“办书”是清明祭祖活动中的一个重要仪式，也是村民为应对1949年以后复杂的墓地变迁而采取的一种灵活策略。在烧香、烧纸的同时，每样供品都要往火里扔一些烧给老人，剩余的肉菜、饽饽等供品可带回家吃掉。酒、水、牛奶等要全部洒在圈里。烧完纸后，子孙再磕个头，仪式就完成了。

除清明节外，村民在每年农历的正月十五、十月初一、除夕都要去墓地祭祖。正月十五白天，各家各户在家里做面灯，晚上家中男丁把面灯带到墓地去，每个坟头上点一盏。农历十月初一这天，村民也会去墓地祭祀祖先，祭祀的程序和清明节一样。除夕下午，家中男性子孙要去坟地举行简单的祭祀仪式，即烧香、烧纸，请祖先回家过年。

祠祭　韩家村韩姓建有祠堂，并且以前在祠堂内有祭祀祖先的各种活

动。韩氏祠堂，俗称“韩氏家庙”，初建时间不详，但据传同治以前就有祠堂。它由 3 间小屋构成，因年久失修被大雨淋塌，里面的老轴子也遭到损坏。同治十三年（1874 年），韩氏十六世孙韩首全，字复方，被钦赐为翰林。他家住胶南徐家大村，但他是韩家村十三世韩纯公（迁胶南徐村）的曾孙，是韩氏后裔，所以回到韩家村祠堂祭祖。见到祠堂失修倒塌，韩复方便修复了祠堂，并在前面建造以砖、瓦、木、石为结构的大门楼。门楼里造一大火池，专供焚香烧纸用。门楼左右建起两个旗杆座，竖起七八米高的旗杆，旗杆颜色代表官阶五品，旗杆顶端有楼斗、钢叉。门楼上面挂一大匾，上书“韩氏祠堂”四个大字，下书“十六世孙韩复方敬立”，落款为“大清同治十三年”。翰林韩复方回家祭祖期间，给韩氏又续了二十辈，即“全以高明德，通章享大功，金声由书泽，继志本孝经”，同时又给“韩刘一家”的刘姓（传说韩姓三世祖过继给了刘姓）续了十辈，即“光宗开福译，崇德启文明”。与此同时，族人又通过记忆和调查，修复了损坏的轴子。经过一番努力，韩氏祠堂终于焕然一新。祠堂修好以后，就连朝廷官员经过韩家村时都必须是武官下马、文官落轿，给韩氏一族增添了不少光彩。

韩氏祠堂（龙圣摄）

1924 年，韩氏祠堂又重修成高大宽敞的三间砖瓦房，前面的大出檐有五步台阶。祠堂里摆放有五张长短不一的大条几以及铜质的香炉腊台、八角灯笼、轴子等。据村里老人们回忆，祠堂轴子是用白凌做成的，非常大，宽度约 3 米，上面有韩氏家族所有已故祖先的名讳。平时不用的时候，族人就用一个叫作“彤盒”的长方形盒子把轴子收起来，供在祠堂里。此外，1929 年，

在后韩家北村私塾先生韩高轩的发起下，韩氏一族重修了族谱。1938年，在族人韩高菊等人的倡导下，韩氏一族再次续修族谱。现在韩家村韩明斐、韩明森、韩平德、韩芬德、韩通欣等人继承了先人续修家谱的传统，正在着手编纂新的韩氏谱牒。

随着宗族建设的开展，韩家村韩氏逐渐形成了以祠堂为中心的祭祖活动。据韩明扬回忆，以前每年春节，祠堂祭祖活动主要有看宗、添轴子、悬宗、摆供、新媳妇拜祖先。看宗，就是按照房支轮流看管宗祠。以后韩家北村为例，该村韩姓分为八大房支，每年由一房支出人负责在春节期间看管宗祠，下一年则换另一房支，各房支依次轮流更替。各房支当中的看宗人选也采用轮替的原则，每年快到春节的时候，轮到看宗的房支就商量这年由哪几位去看宗，下一次再由哪几位替换。一般每次看宗的都是些五六十岁的本支祖长选出三四个人来，主持本年看宗事务。他们除夕早上就去看管祠堂，负责打理春节期间的祠堂祭祖活动。祠堂里面有炉子和床，看宗的从除夕上午就一直守在祠堂，不间断地烧香、烧纸，直到大年初三。

除夕一大早，看宗的先去祠堂打扫干净，在香炉烧香、烧纸，然后把大轴子从彤盒当中请出来。当年谁家里要是有人去世，除夕上午就去祠堂把死者的名字添在大轴子上，叫作“添轴子”。届时，亡者的儿子或侄子身穿白褂，端着祭品和亡者的牌位（纸叠的，上书“故父韩公某某之位”或“故母某氏之位”），跪在祠堂里烧香、烧纸，看宗的人在一旁用毛笔将亡者的名字添在轴子上。“添轴子”有很多的规矩。比如，死者若是有子嗣的男性，当年就可添上；死者若是没有子嗣的人，则不能上轴子，要等他的兄弟生了儿子，即他有了侄子，让侄子去给他添上。如果死者没有子嗣，也没有兄弟生儿子的话，那他就永远上不了轴子。也就是说，男子上不上轴子是根据有没有男性后代决定的，没有的人是不允许上轴子的。死者若为有子嗣的女性，则要等到她丈夫去世的时候一起添上。丈夫在世，她的名字就上不去。而且，过去女性上轴子只写姓氏，不写名。轴子上男女分开来写，男在左，女在右，夫妻对称分布。此外，“添轴子”的时间一定是在除夕的上午，最迟不能超过头午（11点钟），因为头午过后，轴子就要挂起来了。添轴子的人来晚了，会影响接下来的祭祖活动。因此，这条规矩韩家村人一直严格遵守。传说，以前张哥庄的韩姓族人也来韩家村“添轴子”，但因为路远来晚了，到的时候超过了头午，看宗的刚把轴子挂上又要把轴子请下来，所以就罚死者的儿子下跪悔过。后来好说歹说，看宗的才将死者名字添上去。再后来，张哥庄韩姓族人就想了个办法，每次去的时候多派几个记忆力好的人去记轴子上的名字，回去就做了个新轴子，从那以后就不再来韩家村祠堂祭祖了。

收藏轴子的彤盒(韩家民俗村提供)

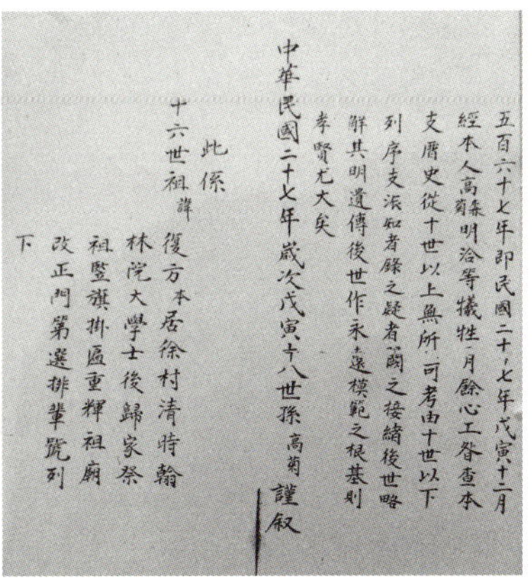

五百六十七年即民國二十七年戊寅十二月
經本人高菊明洽等犧牲一月餘心工督查本
支曆史從十世以上無所可考由十世以下
列序支派知者錄之疑者闕之接續後世略
解其明遺傳後世作永遠模範之根基則
孝賢尤大矣
中華民國二十七年歲次戊寅十八世孫高菊謹敘
此係
十六世祖諱
復方本居徐村清時翰
林院大學士後歸家祭
祖豎旗掛匾重輝祖廟
改正門第選排輩覧列
下

韩高菊及其所修《韩氏族谱》摘录(龙圣摄)

“添轴子”过后，中午看宗的就将轴子悬挂在祠堂里，叫作“悬宗”。悬宗以后，即下午这段时间，看宗的这一房支的各家各户都要来祠堂摆供祭祖。届时，各家各户要带上大饽饽、大盘(包括鱼、猪、鸡等)、酒等供品，摆在祠堂的供桌上，然后烧香、烧纸，磕头祭祀。这些祭品摆在祠堂里，供祖先在春节期间享用。正月初一凌晨3～5点钟，当年过门的新媳妇进祠堂，在轴子前面

跪拜祖先。正月初二晚上送年，看宗的将轴子请下来，放在彤盒里，然后各家各户来祠堂把祭品端回家中，谓之“撤供”。撤供后，看宗的连夜将祠堂打扫干净。第二天(即正月初三)早上，看宗的将祠堂门锁好后即可回家，整个春节期间的祠堂祭祖活动到此结束。

韩家村韩姓祠堂祭祖的活动直到1957年都还在进行，进入20世纪60年代后就衰落了。先是1961年祠堂被村里用作了办公室，后在“文化大革命”期间，祠堂的装饰物、旗杆等又被砸坏，族谱、轴子被烧掉，到现在只剩下3间房子、1个装轴子的彤盒和2张条凳。由于祠堂遭到破坏，自“文化大革命”以后祠堂祭祖的活动也随之停止，直到今天仍没有恢复。

堂祭 除墓地、祠堂外，家堂(即堂屋)也是村民祭祀祖先的重要场所。冬至、春节等节日，村民要在家堂进行祭祖活动。冬至的头一天，俗称“过冬”，又叫“鬼冬”，晚上家家户户吃饺子。鬼冬晚上吃饺子的时候，要在北边堂屋烧纸、烧香，祭奠家中过世的老人。

与冬至相比，春节期间的家堂祭祖活动更为隆重。除夕早上起来，家家户户备好供品，一般是准备5大碗饭菜(主食必须上5个大饽饽，其余必须是荤菜，如鱼、肉、虾等)，8个或10个碟子的糖果点心(里面摆上苹果、香蕉、橘子、糕点、糖、栗子等)。早饭(大约8点)以后、头午(11点)之前，各家各户把自家的家堂轴子请出来，挂在堂屋中间，然后在轴子前面摆上供品，一般是8个或10个碟子摆在最后一排，碟子前面摆上5大碗荤菜，大碗前面正中间摆上1个小香炉，香炉两边各摆1个烛台。

上午挂了轴子、摆了供品以后，各家在香炉里面点上1炷香，家中男性子孙依次对着轴子给祖先磕头。按照以前的规矩，春节期间烧香祭祖从除夕上午一直到初二晚上送年为止，中间不能间断。现在则没有这么讲究了，有些村民一天早、中、晚上3炷香即可。

除夕中午吃饭时，村民在轴子前面给祖先烧香、烧纸。饭后，同一家族中男性子孙去墓地给祖先烧香、烧纸、磕头祭拜，并向去世的爷爷、奶奶或爹、娘吆喝两声“来家过年了”，即请过世的老人回家过年。请年后还要在坟头放上一串鞭炮。早些时候，请年一般都是除夕的下午去。但若遇到大雪天，有的村民头午就去了，原因是头午的时候还没有解冻，路好走。现在，坟地没有了，老人去世后都进了怀念堂。家里有车的村民在除夕下午去怀念

堂请年，家里没车的村民一般就去村西头烧香、烧纸，并朝着怀念堂的方向磕头，喊祖先回家过年。到家之后先洗洗手，然后烧上香、烧上纸、磕个头，在院里撒些麸皮，最后在大门口放上一根“拦门棍”。村民认为，人去世后外出都骑着马，院子里撒的麸皮是用来喂马的，而大门口的拦门棍是用来拦马的，不让它跑出去。也有的村民认为，拦门棍是用来拦住那些强神恶鬼的。

除夕晚上接神过后，家家户户烧香、烧纸供养祖先。到了五更天（正月初一凌晨三五点钟），家中晚辈要替长辈拜祖先。比如家里爷爷、奶奶、父母尚在，儿孙就在五更的时候跪在家堂轴子前面磕头，一边磕，一边说：“替俺爷爷奶奶、爸爸妈妈磕头。”磕完头，长辈要给晚辈发个红包。以前，主要是家中的男性子孙给祖先磕头，没出嫁的闺女是不能给祖先磕头的，现在未出嫁的闺女、小孙女等也可以替长辈磕头了。

大年初二晚上6点钟左右，村民在家堂轴子前面摆上饺子供养祖先，然后烧香纸、烧元宝，送祖先归位。礼毕，家家户户把家堂轴子落下保存好，待来年再使用。落轴子后，村民在原先挂轴子的地方贴上一张红色的“三代宗亲”，直到正月十五早上再揭下来烧掉。

第六章 手工技艺

在历史上，韩家村有过不少颇具特色的手工技艺，比如晒盐、造船、织网、打铁、做饽饽，等等。随着社会环境的变迁，传承至今的手工技艺主要有造船、织网和做饽饽三项。

一、造　船

过去，韩家村渔民大多使用木质渔船。木质渔船，种类多样，造型精致，工艺复杂，是当地高超手工技艺的重要体现。

（一）渔船种类

据老人回忆，以前韩家村的渔船不仅数量多，而且种类也很丰富，大体包括无帆木船、小型木帆船、大中型木帆船和机动船四类。

无帆木船，主要有“木筏”“牛槽”两种。传统的木筏，一般长6米左右，以数根直径10厘米以上的竹竿编排形成，通过撑竿或摇橹行驶，可乘坐1～2人。这种木筏在1949年后仍可见到，到20世纪60年代以后不再使用。牛槽，船形似长方形大牛槽，没有帆，主要依靠摇橹进退。木筏和牛槽一般只能在顺风顺流的情况下行驶，适宜在近海作业。

人民公社时期的木质渔船(龙圣摄)

小型木帆船,主要有"小排子""小舢板"两种船型。小型木帆船船体长5~8米,有帆和一根桅杆,依靠人力或风力为动力前进。出海时,船夫通过摇橹、拉帆和撑竿,驱动船只。在当地,帆又称作"篷",船篷呈三角形,使用时除在船上立一桅杆外,还要用一根竹竿把篷的另一角撑出去,因此这种小帆船被人们称为"杈篷"。根据造型的不同,杈篷又可分为两种:尖头的称作"小排子",宽头的称作"小舢板"。杈篷主要用于近海作业,至今仍然使用,但近年来,随着胶州湾近海水产资源的减少,不少杈篷遭到废弃或被改作近海养殖船。

大中型木帆船,是指长度在15~20米的有帆木船,又名"打网船""流网船"。其中,只有一根桅杆的为中型船,两根及以上桅杆的为大型船。一般而言,中型船有一条桅杆、一合呈长方形的篷,船体与"小舢板"相似。船上有两只橹,能带较多的网具,在无风作业时可把桅杆放倒,用橹和篙子驱动。中型船可行驶到海阳、乳山等海域打圆网,故名"打网船"。大型船有两条或两条以上的桅杆,载重量一般为10~20吨。因逆风时可走"之"字形航线,所以渔民又称大型木帆船为"航戗"。大型船适宜远洋捕捞,在黄海作业,多用流网捕鲅鱼、刀鱼、白鳞鱼、对虾等。捕捞时,由船长看潮流流向指定下网方位,通过摇橹驱动渔船,顺流下网。下网后,渔网随潮流带船而动,故名"流网船"。大中型木帆船是20世纪上半叶以及中华人民共和国成立初期主要

的远洋捕捞船只，20 世纪 70 年代随着机动渔船的发展，大中型木帆船不再参加远洋捕捞，其中中型船用于胶州湾内挖蛤蜊、集海肥，大型船多作海上运输。20 世纪 80 年代以后，大中型木帆船多被机动渔船替代。

机动船，指利用发动机驱动的木质渔船。自 20 世纪 50 年代开始，韩家村开始从外面购买机动船。20 世纪 70 年代末 80 年代初，机动渔船由外购转向本地自造。除红岛船舶修造厂，东大洋、宿流村船舶修造厂造船外，渔民还自发聘请外地或当地有造船经验的木匠自购材料和机械合伙造船，机动渔船发展迅速。

（二）造船工艺

据调查，1949 年以前韩家村的船只大都是在本村手工制造的木质渔船。造船主要以家庭作坊为主，但也有少数村民请隔壁邻村的工匠来村里造船。1949 年以后，在集体化的影响下，红岛各村造船作坊于 1955 年合并为东大洋、宿流两个集体造船厂，韩家村的部分造船工匠也逐渐并入两个造船厂中。1978 年后，韩家村韩平德承包了原东大洋造船厂，主要制造机械船和近海捕捞养殖所用的木质小船（一般长 3～5 米），二者的制造均沿用了传统的木质渔船造船工艺。到目前为止，韩家民俗村仍保留和使用旧木质渔船 21 艘，自造木质小船 12 艘；韩家民俗村东大洋造船厂至今依然经营着修船、造船的业务，是红岛地区木质渔船造船工艺最主要的传承基地。

在造船材料和工具方面，制作木质渔船离不开优质木料，因此韩家民俗村在造船时一般选用各种优质的硬杂木，比如红松木、槐木、榆木等，以保证所制造的木船坚固耐用。此外，造船还需要生石灰、麻线、桐油、铁皮等材料。由于木质渔船各部分的结构和功能复杂，因此所用到的造船工具较多，主要有制造尺、大拉锯、小手锯、凿子、刨、锛、推耙、拉钻、斧头、墨斗、便铲、拐兜、长春凳、风箱、打铁灶、打铁台、轧铁刀、大铁锤、小手锤、铁钉、刷子、小木桶，等等。

在造船工艺流程方面，木质渔船的制作主要包括做骨架，上船板，舱船，做橹、舵、桅杆、帆、锚、缆绳，刷桐油等步骤。

1. 做骨架

骨架是支撑木质渔船的基本结构，做骨架是造船最基本的步骤。一条完整的渔船骨架包括龙骨、肋骨、腰主骨（腰腊）、大骨（大腊）等。龙骨，是一条又长又粗而且很直的整木，两头侧面呈矩形。它是木质渔船骨架当中最为核心的部分，作用相当于人体骨架中的脊柱，将若干条肋骨连接在一起，因而十分重要。一般来说，龙骨选用结实、平直、光滑、无疤痕、无虫蛀的槐木、红松或榆木作为制作材料。制作步骤是先将原料剖成四面平整的柱体，再将细小的铁锅碎片砸入龙骨当中，可以防止虫蛀和腐蚀。肋骨，是若干条（其数量由船只的长度决定）呈“凵”字形的木料，作用是支撑和保护船体。肋骨通常选用结实、平直、光滑、无疤痕、无虫蛀的槐木、柏木、松木等作为原料，木材必须是干燥的，不能含有水分，否则做成的骨架会变形。肋骨制作好以后，将其底部固定在龙骨上，肋骨之间呈平行状。腰骨，是渔船船身两侧腰间的条状木料，作用是将肋骨翘起的部分固定住。大骨，是渔船船身两侧最上面的条状木料，起连接和固定肋骨末端的作用。腰骨和肋骨的选料要求与龙骨大致相同。

船匠将铁锅碎片砸入龙骨（俞理婷摄）

将肋骨安装在龙骨上（俞理婷摄）

一条完整的渔船骨架（龙圣摄）

2. 上船板

船板包括船皮和船辅面（又叫“仓上面”）两部分。船皮和船辅面一般使

用干燥、无疤痕、无虫蛀的白松、红松或杉木等，小船也可用梧桐木。船皮，是指船体底部和两侧的木板，上底板时先将船体倒置，装好后再正过来安装船身两侧。船辅面即船舱面，上好船皮后，紧接着要完成舱面木板的安装。这样，一条渔船的主体便形成了。

3. 艌船

渔船主体完成后，接下来的工序是艌船。具体方法是：艌工用铁锤、便铲、艌铧顺着板缝，将蘸了麻油和油灰的绳子用力砸入缝隙之中。船的主要部位要求二缝口。二缝口就是先用麻绳砸过一遍，然后涂上油灰再砸一遍。这样反复砸两次，船的口缝才算光滑平整，海水才不会渗透进来，这样能确保渔船的使用安全。最后，再用桐油加上石灰调和成糊状，均匀地涂抹在砸过的缝隙处即可。

4. 做橹

橹，又叫"桨"。橹料要求比较严格，一般选用硬楸木、落叶松等，必须是独木一根，要求木料平直、光滑、无裂纹、无疤痕、无虫蛀。选好后，工匠将木料下端刨成板状，并在橹上准确地打上圆眼。

5. 做舵

舵，分为舵干和舵板。舵干选用优质槐木(必须是独木一根)，舵板可用红松木。制作时，工匠用推耙把舵干打磨光滑，然后钉上舵板。

6. 做桅杆和帆

桅杆一般选用杉木，要求是独木一根、表面光滑、树干笔直，原料刨光后固定在船体中即可。船帆，用厚棉织布为原料，待桅杆固定后，挂于其上。

7. 做锚和缆绳

锚，以优质熟铁为原料，用高温锻造成直径 6 厘米左右、长 100 厘米左右的圆铁柱，在铁柱上端打上圆环，然后在铁柱下端打上 4 个弯弯的齿锚，要求衔接部位必须牢固、结实。缆绳，用优质胡麻制成，约 4 厘米粗。

8. 刷桐油

渔船做好后，从上到下，从里到外，全部要刷上桐油。船底必须刷两遍，因为木质渔船会孳生一种专吃木材并在木板内做窝的小虫，渔民称之为"海蛆"。如不刷上桐油，海蛆很容易破坏船底。船辅面及橹、舵等部位还需要刷一遍桐油漆，以防止船具腐烂。

完成以上工序后，工匠要把所有部件重新检查一遍，重新固定一下桅杆，将帆挂好，用绳将锚跟船体连接起来，最后把船拖到海边待用。

上船皮（俞理婷摄）

做舱面（俞理婷摄）

艌船（俞理婷摄）

安装桅杆（俞理婷摄）

韩家民俗村造船厂制造的渔船（龙圣摄）

在传承木质渔船造船工艺的同时，韩家民俗村造船厂也严格传承着造船的习俗。例如，新船铺底要选在黄道吉日，祭献三牲，烧纸、烧香，祭拜龙

王，宴请造船师傅和四邻。造船过程中，在龙骨和“大刀”(船首材)之间要放一个大钱，寓意“前头有钱”“前行生财”“往哪走，哪里有钱”。新船下水不亚于盖房“上梁”，船头要披红，也要摆上酒、糖、菜肴等供品，点蜡烛、烧纸、焚香、放鞭炮，祭拜龙王，宴谢造船人员。

二、结　网

据韩家村村民说，很早的时候并没有“结网而渔”的风俗，村子及附近渔民主要通过在滩涂上插木杆和垒石头的办法来捕鱼，称之为“木杆网”和“石窟网”。渔民插木杆网之前先要挑选若干长约60厘米的细直木杆，把木杆的一头削尖，趁退潮时密集地插在滩涂上，形成半圆状的木杆阵网，杆与杆的距离只有几厘米。涨潮时，鱼、虾、蟹、贝等便会随着潮水冲入木杆网内，等潮水慢慢退落，进入网内的鱼、虾、蟹、贝等便会被木杆挡住。石窟网的用法与木杆网相似。渔民先挑选大小不等的石块运到海边备用，待退潮时在滩涂上用石块垒起高约60厘米的半圆状石墙。潮起时，鱼、虾等会随潮水进入围墙内，潮落后便会被石块挡在网内。须注意的是，石块之间的空隙不能垒得太大，但也不能没有空隙。若空隙太大，鱼、虾等会溜走；空隙太小，石墙则可能被海水冲倒。后来，村民逐渐学会了结网捕鱼，但一开始使用的结网材料是蒲子草，因此又称“蒲网”。具体方法是：渔民将蒲子草晒干后理成长条状，然后编织成席，再用细长的木杆将其穿起来，涨潮时插在滩涂上，潮

韩家民俗村绘石窟网示意图(龙圣摄)

韩家民俗村绘蒲网示意图(龙圣摄)

落后便能围住大量的鱼、虾等物。自明清至今，韩家村渔民渐次利用麻线、棉线、尼龙线、聚乙烯线作为结网的主要材料，并发展出各种不同样式和功能的渔网。

(一)渔网种类

根据出海作业的远近，韩家村的渔网可分为滩涂网和深海网两大类。滩涂网主要有旋网、幢网、插网、闸网、抄网、小推网、岸拖网、岸拉网、圈网、粘网、底网、地笼网等。深海网主要有圆网、拖网、流网、锚流网、虾网、蟹网、鲳鱼网、三层网等。

1. 滩涂网类

旋网 网分船用和陆用两种。船用旋网高为6米左右，顶线长为8～10米，网底周长为25米左右，铅坠为5～6公斤，网目顶部为2～3厘米，底部为5～6厘米，用以捕获丁头、梭鱼、鲻鱼、鲈鱼、光鱼、古眼、鲫鱼、鲤鱼、鲢鱼、虾、蟹等。陆用旋网高为4米，顶线长为7～8米，网底周长为16米左右，铅坠为4～5公斤，网目为3～4厘米。该网呈圆锥形，顶部用顶线锁扣，底部设网袋，网绠上缚铅坠，使用时用力将网抛出呈伞状，入水时以网口圆者为佳。网落水后，拉紧顶线慢慢收网，渔获与船用旋网相同。

幢网 网口大、底小，似衣袖，故渔民称网底部为"网袖"。该网有大小之分。大幢网在海滩打桩下网，网口方向与潮落潮涨方向相反，涨潮满潮时收网，以捕获小鱼、小虾、虾虎、八带鱼(章鱼)、笔管鱼为主；小幢网扣眼密小，似纱网，主要在河流入海口处下网，专捕小虾蟹，有时用两根竹竿撑起，二人合伙拉虾皮。

插网 网高为1.2～1.5米，网目为1～1.5厘米，网长为200～250米，使用多根木杆插入滩泥，每隔2.5～3米插一根，每隔30米设一网袖，一合网一般有6～8个网袖。该网在捕捞期间固定不动，不落网，1人可操作2～3合。涨潮时，鱼虾从网两侧及顶部进入，潮落时留在网内，平日主要捕获小杂鱼、小虾、蟹类，秋冬季节可捕灰螺。

闸网 该网是利用潮汐差岸滩捕捞作业的一种固定网具。将多根竹竿插入滩泥，作为固定支架，杆距为5～6米，杆高为7～8米，网高为5～6米，网目为1.5～2厘米，网长依海湾滩涂而定。涨潮时将网提起，潮落时

下网拦截鱼虾，主要捕获梭鱼、鲻鱼、鲳鱼、舌头鱼、古眼、青板鱼、光鱼、虾、蟹等。

韩家民俗村绘幢网示意图(龙圣摄)

韩家民俗村绘抄网示意图(龙圣摄)

抄网 该网用两根竹竿为网架，可伸可合，呈“人”字形。网门宽为3米，网目为1厘米，主要在80～150厘米深的浅海中由一人推网作业。该网无袖，推一段时间即抬网并用手捞篱取渔货。一般在近海捕捞，主要捕小杂鱼、虾、末蝼、蟹等。

小推网 该网与抄网相似，也是以用两根木杆为网架，可伸可合，呈“人”字形，但网门仅宽1.5米，有9目，每目为1厘米，分船用和人推两种。船用网是在近海捕捞，人推网是岸滩作业，主要用以捕捞没皮鱼、末蝼、虾皮等。

拖网 该网又称“岸拖网”，网高为1.2米左右，宽为10～20米，网目上大下小，最大逾2厘米，最小不足1厘米，网底叠起约为20厘米，呈袋状，缚以条形，留槽沟铅坠，便于捆扎。这种铅坠系自行高温化铅铸造而成，俗称“铅脚子”。使用时由两人牵网绠同前拖拽，也可一船一人拖拽，鱼、虾、贝等进入网袋之内，定时收网取出。拖网主要用于海滩捕获小虾、蟹、爬蚂、小海螺等，20世纪六七十年代最为盛行，现已不用。

岸拉网 网长为900米，拉网绠长为1800米，网高为8米，网目为1.7～4厘米。在浅海张网，人在岸边拽网，主要捕捞鲅鱼、带鱼、鲷眼、黄姑鱼、白姑鱼、墨鱼、五生、对虾、石蟹、青板鱼等。

圈网 网袖用3个由大到小的竹圈组成，有4块斜网片用线系在网上，鱼儿进去出不来，主要捕捞黄姑鱼、偏口、墨鱼、鲳鱼、舌头鱼等。

粘网 该网又称“漂网”，网高为1米左右，网目为2～3厘米，上扎浮漂，底坠脚石，垂直分布于浅海。下网后，1～2小时巡网一次。巡网时，从一头查看，可往复多次，用以捕获丁头、梭鱼、光鱼、古眼等。

底网 该网与粘网类同，其不同之处为粘网漂浮而底网下沉，底网网目大，一般在8厘米左右，主要用来捕梭鱼、鲻鱼、大虾、蟹子、虾虎、大牙片鱼、光鱼等。20世纪末，将粘网、底网网片均改为三层网，捕捞效果更佳。

地笼网 网方口，以铁丝框撑开，网贴地，长约20米，铁丝框定立海滩上，内设网罩，鱼虾进去后无法外逃，用于捕获小鱼虾等。

2. 深海网类

圆网 网分大、小两种。小圆网长为50米，高为8米，网目为5.3厘米。网结好后，在网上面的绠绳上系浮漂，在网的下方系坠脚石；大圆网，网目为3厘米，底口为1.5厘米，长为100～200米，高为14～20米，网目为3厘米，用梧桐木做浮子，每隔10厘米系一个浮子，逆潮流张网，主要用以捕获鲅鱼、白鳞鱼、带鱼、鲳鱼等。

拖网 网呈锥形，网目为4.5厘米，尾部网目为3厘米，大绠2根分别长450米，杈绳2根分别长20米，有漂、脚绠。两小马力渔船拖网顺流或平流作业，每2小时起网一次，主要用以捕捞底层鱼类和对虾。

流网 网目为5厘米左右，分别以500目、600行为一组，网高为10米左右，长为30余米，一般日落前投网，早晨起网收获，主要捕获鲅鱼、鲐鱼、白鳞鱼、鳘鱼、带鱼等。

锚流网 网片长为18米多，高为10米，捕虾网目为5.8～6厘米，捕鱼网目为4.8～5厘米，设浮漂，将滑石或瓷球当脚坠，主要用于捕捞对虾、带鱼、鲅鱼、墨鱼、章鱼、黄姑鱼、尾鱼、青板鱼等。

虾网 虾网也称“底流网”，网目为7.2厘米，以600目、320行为一组。后经改进，在原网基础上加高，网目加大，主要用于捕获鲳鱼、对虾等。

蟹网 网目为8厘米左右，以100目、20～30行为一组，主要用以捕获螃蟹，现已弃用。

鲳鱼网 20世纪60年代初开始使用，其网目较大，一般为8～10厘米，

网高为15米左右,专门用于捕获鲳鱼。

三层网 三层网也称"万能网",20世纪末开始使用,由三层网衣组成。网目大者逾10厘米,小者约为3厘米,大小鱼虾等均能轻松捕获,是比较高效的捕捞工具,但对渔业资源的破坏性较大。

(二)结网工艺

韩家村紧靠胶州湾,历史上村民多以捕鱼为业,因此编织渔网是其最具代表性的民间技艺之一。

就材料而言,结网最重要的材料就是网线。随着社会的不断进步,韩家村渔民使用的网线也经历了很大的变化。在20世纪以前,麻线是韩家村渔民结网的主要材料,其特点是原材料易得,缺点是不结实。20世纪上半叶,随着工业的发展,价格便宜的棉纱线取代麻线成为编织渔网的主要材料。棉线与麻线相比价格低廉,但同样存在不结实的问题。20世纪60年代,我国生产制造出了尼龙线。与棉纱线相比,尼龙线具有成本低廉、结实耐用、不易腐烂的特点,因此逐渐取代棉纱线,成为村民编织渔网的主要材料。到了70年代,韩家村的渔网几乎全部更换为尼龙网,大大提高了渔网的使用寿命。从此,渔民不必再沿用"三天打鱼,两天晒网(补网)"的作业模式。80年代以后,比尼龙线更结实耐用的聚乙烯线出现,成为结网的主要材料。除网线外,结网需要用到的材料还包括绠(吸水用的绳子)、浮漂、脚石等。

在方法方面,历史上,韩家村渔民结网分手工和机械两种。手工结网主要有编网衣、做防腐、做网绠三大步骤。机械结网相对简单,主要由机器完成。

1. 手工结网

编网衣 网衣是渔网的主体,手工编结网衣主要采用打结法。打结法是一种传统的渔网制作方法,主要工具是梭子和织板,辅助工具是线撑子。梭子用竹片制成,其上有一个过线的小孔。一头尖,另一头有两个挡线脚。织网时,用梭子带线,在网上往来穿梭,拉线系结,形成菱形的网格。梭子有大小之分,但形状是一样的。织大眼网用大号梭子,织小眼网则用小号梭子。渔网用经线和梭子里的纬线套结而成,结节大小是网绳直径的4倍,突出于网衣平面。结节在起网的时候若碰到鱼以及船舷,能做到既不伤鱼又避免了网具的磨损。

做防腐 如果采用麻线、棉线作为渔网材料，编结好网衣后还需要做一定的防腐处理。20 世纪上半叶，渔民一般用猪血或栲皮浸染，以防网衣霉烂。由于尼龙线或聚乙烯线的抗腐蚀性较好，若采用二者来编结渔网，则不需要再进行防腐处理。

做网绠 结好网衣并做好防腐处理后，网衣上下要敷以网纲（又称“网绠”）。上绠扎浮子，称作“浮绠”；下绠扎“脚石”，称为“脚绠”。

渔民在织网（韩家民俗村提供）

2. 机械结网

机械结网兴起于 20 世纪 80 年代，主要采用尼龙线、聚乙烯线等材料，由专门的织网机器编织，工序比较简单。其结网方法主要有绞拈法和经编法两种。机械结网，不仅解除了人们织网的劳顿，提高了渔网编织的效率，而且还能生产出更多不同规格的渔网。

绞拈法 两组纱线由机器同时绞拈，在交接点处相互穿心交结成网，这种网称“绞拈式无结网”。由于网结节处纱线是不经弯曲的，因此网衣平整且减少了摩擦。但绞拈机器效率较低，准备工序繁复，横向目数有限，只适合编织网目较大的网。

经编法 通常用装有 4～8 把梳栉的拉舍尔经编机将经纱成圈连接成网，称“经编无结网”。由于经编机速度较快，编结的网门幅阔，横目数可达 800 目以上，变换规格方便，生产效率大大提高。经编无结网平整、耐磨、重

量轻、结构稳定、结节强度高,渔网破损后亦不变形、不松散,可广泛用于海上捕鱼、淡水捕鱼、养殖以及其他各种特殊用途。

近年来,在韩家村及附近的渔村中,手工结网越来越少,机器织网已成为主要的结网方法。一方面,机器织网省时省力,效率极高,比起手工结网更具优势;另一方面,许多有经验的渔网编织手艺人已年老体弱,行动不便,而年轻人因手工编织渔网的生产技术难度较大、习艺周期长、经济效益低等原因,多不愿意学习。因此,手工结网这门技艺正面临着失传的窘境。为延续这门技艺,村民韩平德创办的韩家民俗村搜集了红岛地区各种渔网200余件,并在馆内向青少年提供渔网编织技艺的课程,通过现场讲解和动手结网等活动推动这一手艺的传承。

三、做饽饽

饽饽,即馒头的一种,但个头比一般的馒头要大三四倍以上,而且造型丰富、花样繁多,故民间又称"花饽饽",是我国北方地区一种常见的面食。在韩家村,逢年过节以及结婚、过生日、敬神等场合均要做饽饽。

中华人民共和国成立前后,地瓜是韩家村的主要粮食作物,因此一般人家做饽饽多以地瓜面为原料,只有少数富裕人家才食用白面。20世纪80年代后,随着生产力的提高和小麦种植面积的扩大,吃白面的人家越来越多,做饽饽也主要以白面为主,具体包括以下四个步骤:

第一,取适量的白面放在盆里,加入少许水和面。和面的时候,加适量牛奶、鸡蛋和白糖进行发酵。

第二,面团发酵好以后,往里面加入适量干面反复搓揉,叫作"守面",直到把面揉出筋道来为止。这样蒸出来的饽饽才筋道,口感好。

第三,揉好面胚后,再将其做成各种造型。方法主要有两种:一种是将面胚放到面磕子里压出造型,另一种方法是直接用手捏出各种造型。面磕子的造型固定、有限,制作起来比较快捷、简单。相反,手工捏面的造型变化不定,可以根据自己的想象捏出各种各样的形状,制作起来比较复杂、繁琐,更能考验一个人是否心灵手巧。待造型完成后,再用食用色素将饽饽染成各种颜色。

第四,将上好颜色的饽饽放到大锅里蒸半个小时左右,具体根据饽饽的个头大小以及数量多少来调节火力和时间。

根据具体场合的不同,饽饽有各种不同的造型和寓意。

过春节的时候,家家户户都要做饽饽。韩家村一带有"二十八把面发,二十九蒸馒头"的说法,即到腊月二十八就要开始做饽饽。饽饽的类型主要有鱼饽饽、枣饽饽、神虫饽饽、"岁岁平安"饽饽等。鱼饽饽造型以鱼为主,寓意"年年有余"。枣饽饽表面有 5 个孔,孔里面各嵌有 1 枚红枣。"枣"谐音"早",寓意吃了枣饽饽,"早日发财""早得贵子""早日升官"。5 个孔的分布是一个在顶部,四个围绕在四周,呈对称分布,寓意来年"五谷丰登"。因为寓意丰富,村民一般用枣饽饽来供奉天地、财神、祖先等,祈祷风调雨顺。此外,还有神虫饽饽,即用白面做成酷似三脚蟾、刺猬一类的动物,做好后供养起来,等到正月十五的时候放到粮仓里,以避虫害。

结婚的时候,花饽饽也是必备的物品。一般有龙凤造型的饽饽,寓意"龙凤呈祥";有石榴、花瓣造型的饽饽,寓意"石榴花开";有"喜"字饽饽,寓意"喜事临门";还有用枣子、花生、桂圆、莲子做成的饽饽,寓意"早生贵子",等等。

"岁岁平安"饽饽(韩家民俗村提供)

"喜"字饽饽(韩家民俗村提供)

"顶天立地"饽饽(韩家民俗村提供)

过生日的时候，花饽饽也是重要的庆贺礼品。根据过生日的对象不同，饽饽上面点缀有各种不同的文字。比如小孩过生日，则写上“活泼可爱”“顶天立地”“宝葫芦”等字样；若是为老年人祝寿，饽饽上则写“寿”“福”等字样。

福寿饽饽(韩家民俗村提供)

寿饽饽(韩家民俗村提供)

在敬神祭祖的时候，花饽饽的造型比起其他场合更为丰富，包括十二生肖饽饽、福饽饽、寿饽饽、钱饽饽、五层饽饽、大饽饽，等等。

总之，做饽饽是韩家村最常见的手工活儿，是一个人心灵手巧的重要体现。饽饽既好看，又好吃，不论老少都十分喜爱，因此村里各家各户直到今天仍然坚持做饽饽、吃饽饽，使得这项手艺很好地传承下来。

第七章 传说故事

今天的韩家村有2000多名60周岁以上的老年人，其中有些老年人不仅身体健康、精神面貌良好，而且记忆力惊人。在我们走访韩家村的过程中，一些老人向我们讲述了村里流传已久的故事，弥足珍贵，现将我们听到的部分传说故事整理如下。

一、洪州城的由来

在很久以前，胶州湾原来是一座沧州城，后来被洪水淹没，沉入水中。水退之后，这里变得山清水秀、风景优美。有一位皇帝出宫游览，来到了大洋村（今红岛街道东大洋村）鱼皮嘴以东，看到此地风光很美，是块风水宝地，于是就住了下来。一住就是10多天，后来由于朝中事务繁多，皇帝才恋恋不舍地离开了此地。回朝后，他经常想起这块好地方，便下了一道圣旨，决定在此地建一座大城，随即便派了一位名叫洪州的大臣，专管建城事宜。

洪州立即来到此地勘察地形，准备建城所用之物，并从全国各地召集了很多能工巧匠。

洪州是位忠诚能干的大臣，他整天吃住在工地上，和工匠们不分昼夜地苦干。经过四五年的奋战，一座巍峨壮丽的大城终于建成了。皇帝看后非

韩家民俗村整理的洪州城传说(龙圣摄)

常满意。因洪州建城有功,皇帝就将此城命名为“洪州城”,并让他做了洪州城的长官。洪州城地域宽阔,气候宜人。洪州为官清廉,执法如山,把洪州城治理得五业兴旺,百姓安居乐业。[①]

二、水淹洪州城

版本一 据说很久以前,洪州城内有一座破庙,庙内有一个很老、很穷的道人,经常吃了上顿没下顿。洪州城内有一小孩儿,心地善良,可怜道人吃不饱,每天给他送一个馒头,一直送了三年。

有一天,道人告诉小孩儿:“我吃了你三年馒头,作为回报,我告诉你一个化解危难之法。洪州城将来会发大洪水,全城将被淹没。你回家准备准备,当看到庙门口石狮子的眼睛变红时,表示洪水即将来临,你就赶紧逃

① 讲述人:韩明斐,男,后韩家北村人。访谈时间:2017 年 5 月 28 日。

离。”从此以后，小男孩天天跑去看石狮子，看它的眼睛红了没有。村里的人问他看什么，他将洪州城将被大水淹没的消息告诉了大家，可没有人相信他的话。一天，有顽童戏耍他，将石狮子的眼睛染成了红色。小男孩儿这天又来看石狮子，看到狮子的眼睛变成了红色，忙招呼大家赶紧离开，因为大水就要来了。可是没人相信他。不久，洪水真的来了，洪州城瞬间淹没于大水中。只有小男孩一家逃了出来，来到了现在的胶州城。

版本二 有关胶州湾形成的传说，最早源于一个古老的谚语。这个谚语说的是：“狮子红了腚，淹了洪州城。”其实，这个谚语是一个卦师的话。

据说早在宋代，胶州湾一带就是一片濒临海边的冲积平原。洪州城就坐落在这里。相传，“洪州城”的东城门在今天的板桥坊，西城门在红岛的东大洋海中毛岛处，南城门在四方湖岛的海上，北城门在女姑口。当时，洪州城内生活着两三万人，常年受洪水和海啸的侵袭，他们一直想搬到胶州去。“洪州”之名，也是因为这里经常暴发洪水而得名的。

有一年，洪州城外来了一位卦师，他声称自己是来救洪州百姓的。于是，他走街串巷，到处念叨着一句隐语，即“狮子红了腚，淹了洪州城”。大家本不拿它当回事，所以只是听听而已。结果，有个顽皮的孩子，真的将城门外的石狮子的腚染红了，闹得一些人家匆匆搬出了洪州城。可是，洪水终究还是没有发生，因而闹了一场笑话。

但是有一天早晨，大水真的到来了，城门外的石狮子的腚真的给洪水泡红了，洪州人才想起了卦师的隐语。于是，洪州人举行了全城大搬迁。幸运的是，就在洪州人刚刚搬出洪州城时，巨大的地震和海啸发生了。洪州城瞬间陷入一片汪洋之中，沉入了海底，形成了今天我们见到的胶州湾。逃出的洪州人不得不携家带口，老幼相扶，去投奔胶州。所以直到今天，胶州一带还流传着这样一种说法：“沉了洪州，立了胶州。”

版本三 被淹之前，洪州城就在今天冒岛东边，城里有个人叫忠义。有一天，天上下来一位神仙变作乞丐来要饭，告诉忠义洪州城要发洪水，让他找一个大筏子，把家里东西都收拾上去，发洪水的时候救什么都行，就是不能救人，因为救人没有好处。什么时候发洪水呢？神仙说庙门前有一对石狮子，什么时候狮子红了腚，什么时候就要淹洪州城。

从那天开始，忠义就让家里的丫鬟去看狮子的腚红了没有。丫鬟去看

看，没有；再去看看，还是没有。当时那儿有不少下海打鱼的，他们用的渔网都是用猪血浸过的。渔民问丫鬟："小妹儿，你一趟一趟地干什么？"丫鬟说："俺主人叫俺来看看，说是'狮子红了腚，淹了洪州城'。"等丫鬟走了，他们就用渔网将狮子腚抹成了红色。等丫鬟再来看时，狮子果真红了腚，结果洪州城就真的发洪水了。

忠义将东西都收拾到大筏子上了，这时有个叫王恩的人在水里喊救命。忠义执意不救，说神仙不让救。他娘说："你要是不救，我就跳下去。"忠义害怕他娘真跳下去，连说"我救、我救"，随后将王恩救上来。王恩对忠义娘说："您以后就是我的亲娘，忠义就是我的亲哥哥。"

那时水很大，他们就上山了，到高的地方去住。忠义会射箭，经常出去打猎。有一天，王恩说："哥哥，我能跟你去打猎吗？"忠义说："好。"他们走着走着，突然一只大老虎冲过来，王恩吓坏了。忠义一箭射死了老虎。之后王恩再也不敢一起去打猎了，而要留在家里照顾娘。

忠义又出去打猎了，几天还没回来，家里没有东西吃了。忠义娘对王恩说："孩子，我拿点东西，你去当铺当点钱，买点东西回来吃吧。"王恩去了，看到赌钱的，就把当的钱拿去赌了，结果把钱都输光了。回家后，忠义娘问他买的东西呢，他说走到半路被抢钱的抢走了。忠义娘就说了他两句。他一生气扔下忠义娘，自己跑了。

忠义在山上打猎，看到一朵云彩，云彩里有个女人的声音在喊救命。忠义一箭射过去，云中掉下一只女人的绣鞋来，这个被称为"云中落绣鞋"。忠义追着云彩跑，追到一棵小树前面，惊得一只乌鸦飞了起来。忠义接着追，追到一块石头前，掀开一看，里面有一个大洞。这时王恩来了，对忠义说："哥哥你在这呀，娘想你呢。"忠义找了一根绳子和一个大筐，对王恩说："下面好像有女人的声音，你把我放下去，我去看看里面有什么。"下面太黑了，什么也看不清，忠义摸索着往前走。走到明亮点的地方发现有一个女人，她就是皇姑。皇姑对忠义说："这儿有个九头妖怪，脖子刚被你射伤，你去杀了他，砍下他最大的头来，就能救我。"忠义过去，一刀砍下九头妖怪的大头，又砍下其他八个小头。皇姑给了忠义一个信物，并对他说了一句话，然后他们摸索到洞口。忠义让皇姑先上。王恩看到上来的是个女人，顿时心生歹念，一下子把绳子扔了，还假装说道："哎哟，哥哥，我失手了，绳子掉下去了。"然

后王恩带着皇姑走了，他要送皇姑回京城。忠义在洞里面上不去，只好再摸索着找出口，恰好碰到一个白兔子精。忠义问她怎么在这里，兔子精说她是被九头怪抓来的。忠义帮兔子精松绑，他们一起摸索着走到洞口。兔子精让忠义扯住她的衣服，他俩一下子就上来了。

忠义要去京城找皇姑，就和兔子精分开了。京城里有一个好官和一个坏官，坏官站在王恩一边。皇姑对王恩说："我与忠义有信物为证，不能与你在一起。"王恩为了得到皇姑，急忙回去向忠义索要信物。忠义往京城走，在山顶遇到万王恩。王恩问忠义怎么从洞口上来的，又问皇姑给的信物在哪里，说想看一下。忠义刚将信物拿出，就被王恩一拳打倒，然后顺着山坡滚了下去，摔得很严重。这时幸好兔子精赶来，给忠义喂了一颗仙丹，他马上康复了。兔子精决定陪忠义一起进京。到了京城，坏官说不是忠义救的皇姑，是王恩救的。皇姑只好问王恩她在洞里说了什么，王恩回答不上来。皇姑再问忠义，忠义回答上了。但是坏官非说皇姑是王恩救的，好官认为是忠义救的。后来有人想了一个办法，他让皇姑站到屋子的一个墙角，谁能拉到墙角的皇姑，皇姑就嫁给谁。坏官偷偷告诉王恩皇姑站在东墙角。兔子精对忠义说："我去把皇姑挪到南墙角，你去拉南墙角。"结果，王恩拉的东墙角没有皇姑，因为皇姑已被兔子精挪到了南墙角。

韩明斐讲水淹洪州城的传说（李思摄）

忠义娘这时也来到京城找儿子忠义。看到王恩，她就说："你没良心，救你的时候你喊亲娘、亲哥哥。俺儿出去打猎，叫你去当东西，你却把钱都赌输了，还把俺一人扔在家里。你真是个忘恩负义的东西！"

版本四　话说有一天，天上的王母娘娘掐指一算，人间某地应该换天下了，坏人理应一起换掉，但是好人应该留下来，将来好重建人间。于是，王母下凡变成了一个又脏又丑的老叫花子，在洪州城的大街小巷中讨饭。一天，她来到了一户人家门口乞讨，从里面出来一个中年妇女，手里拿着一白、一黑两张面饼。说："我给你这张黑的，那张白的留给俺孩子。"王母娘娘一听此话，心想："这地方还真有坏人，是否要留，我到别处看看再定。"王母娘娘又来到了一户人家，这家只有一老夫人同儿子过活，家境不怎么富裕。儿子18岁，名叫忠义。忠义见要饭的老婆婆实在可怜，就给老婆婆做了一锅热饭，又把老母亲的衣服拿给她换上。王母非常感动，心想洪州城也有好人，于是向忠义泄露了天机说："洪州城的前门楼下有一对石狮子，你要经常去看看。如果那对石狮子的腚红了，这座城就要淹没了。我送给你一只小木筏，用的时候你叫它变大它就变大，你们母子尽管坐上去。在木筏上你可以救一切生灵，就是不能救黑头顶的，你要切记！"王母娘娘把手一伸，吹了一口仙气，立时出来一只小木筏，她则转身上了天。

从此，忠义经常去洪州前门看那对石狮子的腚红了没有。有一次，他遇见堂兄弟无义。无义问他："你经常去看那对石狮子干什么？"忠义就把王母娘娘的话实说了。无义不相信，心想："那对石狮子是白的，永远也不能变成红的，我何不捉弄他一下？"于是无义找来红漆，把那两对石狮子的腚染了个通红。刚染完，天上就下起了倾盆大雨，积水越来越深。忠义这时来到石狮子跟前一看，见狮子腚红了，心想："大事不好，洪州城要淹。"忠义和母亲坐上小木筏，顺流向远处漂去。整个洪州城瞬间沉没在洪水中，再也看不见了。

这时，忠义看见无义在水中挣扎，只有一个黑头顶露在外面。无义在水中苦苦挣扎，忠义想起了王母娘娘的话，原来王母娘娘说的"黑头顶的"指的是人。忠义听从王母娘娘嘱咐的话不想救他，但老母说："哪有见死不救的道理？"忠义只好遵从母命，救上了无义，撑着木筏继续向西飘去。最后他们漂到大山前海沿上黑老婆石的石洞中，一家人靠打柴种地为生。无义非常

懒惰，干活时偷闲不干，吃饭时光吃细粮，粗饭全给忠义和他母亲吃。

有一天，兄弟二人乘上木筏到冒岛打柴拾草，忽听到不远处有一女子在喊救命，二人跑过去一看，声音是从一个山洞里传出来的。无义说："忠义，你下去看看吧。"于是，无义便拿起绳子把草筐拴好，扯着绳子，把忠义顺筐下到底部。忠义看见一个年轻女子，她边哭边说道："我是皇姑，在花园里观花，被妖怪捉来，如你救我出去，我愿嫁给你。"忠义二话没说，就把女子扶上筐，叫无义快往上拉。无义将女子拉上洞来，一看女子长得美貌无比，就想独霸皇姑。忠义在洞中高喊："快把绳子放下来。"无义不但不听，而且还用石板把洞口封住了。洞中一片漆黑，忠义什么也看不见，一边摸索一边走，不一会儿便摸到一个大石门。忠义用力敲打石门，那石门竟然被打开了。忠义看见石壁上钉着一条小长虫。这小长虫说："你快救我。我是龙王爷的三太子，因醉酒被妖怪捉来，你若能拔掉钉子救我，我愿意和你共享荣华富贵。"忠义随即拔了钉子救下了小长虫。小长虫随即化成巨龙，忠义抓紧它的尾巴，腾空而出，把忠义带出洞外。

无义撑着木筏带着皇姑回家了。他对忠义的母亲说："我哥哥不慎落水身亡了。"忠义母亲听后号啕大哭起来。皇姑说："伯母，无义说谎，是他害死了忠义哥。"皇姑刚说完，龙王三太子与忠义就来到了母亲面前。顷刻，天响巨雷，劈死了无义。最后，忠义与皇姑成亲。皇姑非常孝敬母亲。皇姑和忠义一共生了三个儿子，全部金榜题名，从此一家人过上了幸福美满的好日子。

版本五　传说王母娘娘假扮又丑又恶的老太婆下凡间，看到洪州一方人氏太坏时，就给好人忠义一只木筏，嘱咐好心的忠义："当庙前的狮子腚变红时，洪州城就要被大水淹没，到时你们母子俩赶紧乘我给的筏子逃命。在逃命时，看见大水中的人不能救。"

石狮子果然被人涂红了腚，洪州城随之被大水淹没。忠义与母亲坐上了王母给的木筏，在大水中漂泊。这时，忽然听见有人喊救命，忠义想起王母娘娘嘱咐的话，不想救，但善良的母亲说什么也得让儿子救人。忠义只好听从母言，将人救起。一问姓名方知被救之人叫王恩。王恩一上木筏便双膝跪下又叫娘又叫哥，并发誓说："您救了我的命，从今往后就是我的亲娘、亲哥哥。我一辈子绝不忘救命大恩，侍奉您老一辈子。"

母子三人顺水飘呀飘呀，好久才飘到一座大山脚下。兄弟二人上山砍

树，搭起了棚屋居住。从此，母子三人靠砍柴、打猎为生。

一开始忠义天天进山打猎，王恩在家侍奉母亲。日子一长，王恩也常常跟着哥哥一起进山打猎。一天，兄弟二人打了一只山虎回家，将虎吃了。顷刻，天变了，只见一块黑云从山南而来。忠义心想："不好，这不像平日的乌云，是一股妖气。"他忙搭箭就射，一箭发出正中云中央，云中便落下一只绣花鞋。忠义拾起鞋，就追乌云去了。忠义追到深山，只见一位老者挑着一担柴迎面而来。忠义忙向前施礼，并问老者是否看见刚才的乌云。老者说："看到了，云间有妖，是此山中的九头老妖。你想治他，恐怕现在不行，快与我一同回家商谈！"忠义想给老者担柴，但怎么也挑不起来。老者"哈哈"一笑，说："看我的。"说完，用手轻轻一拖柴便上了肩。回到老者的家院后，老者说："此妖有九个头，中间长着个大头，住在这座山的一个洞中，洞口用一块大青石板盖着。只要能下洞把他的大头砍下来，其他的八个小头也就很容易砍下，老妖就完了。不过你现在的力气不行，你要想除妖，得把我院中大树上三只桃子摘下来吃了，力气就够了。"

忠义一心想为民除妖，听了老者的话，来到院中，只见一棵大树东倒西歪，长得很怪。树枝全伸到墙外，树梢上有三只桃子长在一起，两只大的一只小的。忠义立即攀上树梢，感觉两只手怎么也拿不下三只桃子，就将小桃子含在嘴中，两只大桃子一手一只。正要下树时忠义险些跌落，在万分惊恐中，忠义将含着的那只桃子咽了下去。老者在院中"哈哈"一笑说："好了，快下来吧，再挑一下我这担柴，看你力气如何。"忠义下了树，走到柴前用手轻轻一拖那担柴就上了肩。老者说："你现在力气够了，可以去除妖了！"忠义听从老者的指点，带上了斩妖的利斧和下洞用的绳索来到深山，找到了盖着青石板的山洞。

王恩自忠义追赶老妖后，在家中游手好闲。他既不打柴打猎，也不侍奉老母，只管自己吃饱。王恩见忠义多日不回，便到深山找忠义，还胡编了些母亲在家安好的话，使忠义信以为真。忠义便叫他一起除妖。

忠义力大，掀开了盖妖洞的青石板，果见石板下有一洞。他叫王恩用绳索把他送下洞底，又系上小铃铛。下到洞底，忠义抬头一望，见洞里亮光处有一位美丽的小姐。小姐说："我不是妖，我是当朝皇姑，在外郊游时被老妖捉到此处。老妖出外作恶时脖子上中了一箭，叫我给他上药。公子你若能救我，我愿以身相许。"忠义把下洞的原因告诉了皇姑，皇姑给忠义一个香袋作为定情之物，就领着忠义来到洞下妖室。忠义抽出利斧将老妖的大头砍下，接着又砍下其他小头，彻底灭了老妖。二人一同来到洞的出口，忠义摇了小铃铛叫皇姑先出洞。王恩在上面听到铃声，就忙往上拉绳。他一见出洞的不是忠义，而是一位美若天仙的小姐，便顿生恶意，将手中绳索丢入洞底，领着皇姑下山而去。当王恩知晓小姐是当朝皇姑时，他就决定送皇姑进京城。王恩一心想当驸马，便在朝堂上胡诌了救皇姑的功劳。但是皇姑却说王恩胡说八道，并说她与忠义有约，有定情物件香袋为证。王恩为了得到皇姑，过上富贵的日子，就急忙返回山中找忠义骗取香袋。

忠义在洞下见绳索落下来出不了洞而六神无主时，只听洞中有人说话："我是修炼多年的玉兔，前几日被老妖捉来锁在铁笼中，你若能把笼子打开放了我，然后揪住我的尾巴，我就可以把你带出山洞。"忠义四下一望，果见暗处铁笼中有一只白玉兔，就用利斧将铁笼砸开救出玉兔，玉兔又救他出洞。出洞后，玉兔仍在暗中保护着忠义。忠义走着走着，正碰上找他要香袋的王恩。王恩一见忠义就说："哥哥，我把皇姑领回家，娘欢喜地叫我快来找你。绳索掉下洞底是我不慎脱手，你千万不要怪我。你也上来了，咱们快回家吧！"在下山途中，王恩说："哥哥，听皇姑说她要许配给你，还给了你一个定情香袋？"忠义说："是的。""那你给我看看。"王恩说。好心的忠义将香袋拿给王恩。王恩接过香袋，趁忠义不备将他推下山涧，独自带着香袋进了京城。忠义掉到半空中，被暗中保护他的玉兔救了。忠义回到家，一见老母就将因果说了一遍。母子大哭一场，母亲也诉说了王恩的不孝。在玉兔的保护下，忠义急忙赶去京城。在朝堂上，忠义揭发了王恩的罪行，王恩被处以绞刑，忠义被招为驸马，与皇姑和母亲过上了幸福美满的日子。[①]

三、张郎休妻

以前有个人叫张郎，他媳妇叫郭丁香。郭丁香有个干姊妹叫李海棠，两人特别要好。郭丁香和张郎结婚以后，张郎在外边上学，六七年了也没有生孩子。而李海棠比郭丁香小两岁，也一直没嫁人。

① 讲述人：韩明斐，男，后韩家北村人。访谈时间：2017年5月28日。

吕建华边包饺子边讲故事(俞理婷摄)

有一年张郎回家过年,路上经过李海棠家,心想:“天黑了,离家还有一段路程,我先到干妹妹李海棠家去坐坐。”到了李海棠家,李海棠就做饭给姐夫张郎吃。张郎问她:“小妹,你到我家去了。你看你大娘这个人好不好?”李海棠回答说:“哎哟,大娘这个人可好了。”接着就好好赞扬了一番。张郎又问:“你姐姐这个人是不是也很好啊?”李海棠迟疑一下说:“也好。”张郎一想,李海棠说干姐姐“也好”,就不是“很好”,便接着问:“你说你大娘是‘很好’,说你姐姐‘也好’。意思是你姐姐没有你大娘好对吧?”李海棠说:“既然你问着我姐姐,我就和你说说。你不在家的时候你不知道,哪里有男的,她就去哪里。反正是轧伙人(意即勾引人),在家里轧伙小货郎。”其实这些都是李海棠胡诌的。张郎不信。李海棠又说:“姐夫,你如果不信的话,怎么到今天也还没个孩子?姐夫你休了俺姐姐吧。我给你做媳妇,不到三年,准替你生下一对小儿郎。这头爬叫你爹,那头爬叫我娘。叫你爹来你答应,叫我娘来我应当。”这李海棠一会儿就把张郎说得变心了。

于是,张郎就买了把七寸长的刀子。半夜时,张郎回到家叫门。郭丁香开门了,说:“相公,你回来了。你吃过饭没?我做饭给你吃吧?”郭丁香帮张郎脱衣服、脱袜子,一下子脱出把刀子来。张郎见事情败露,就动手打她。她疑惑不解,问:“这是为何?”张郎就非把她给休了。并说:“你要带走什么都

可以，随便挑。”无奈之下，郭丁香就带着娘家陪送的牛，拉个大车就走了。

走着走着，走到一户人家门口。这时天黑了，牛渴了，人也倦了，她打算就在这家借宿一晚。这户人家也姓李，就两间房子，只有一个大娘和她儿子过日子。儿子这时出去砍柴还没回来，就大娘一人在家。大娘一见来了这么个漂亮的女人，简直是仙女下凡，心里很高兴。

郭丁香说：“大娘，能不能收留俺一宿？”大娘说：“哎哟，你快在这住下吧，就是怕俺这个破屋留不下你。”于是郭丁香就住下了。这一住下，她就没走。郭丁香心灵手巧，她看到家门口的条子，就拿来编筐，编得特别快、特别好。最后，郭丁香就做了大娘的儿媳妇，大娘高兴得不得了。李家前后全是树林，郭丁香就叫他男人开荒、种地，自己养蚕、织布，李家的日子愈过愈富裕。

再说张郎家。自休了郭丁香后，张郎就把李海棠娶来了。没过几天，房子就起火了，什么都烧没了。幸好张郎之前在地里埋了很多金子和银子，他就去挖，结果又发大水了，什么也没挖到。后来，他去抢钱，结果叫火烧瞎了双眼，只好四处去要饭。

说来也巧，有一天张郎要饭要到郭丁香家去了。他瞎眼看不见，但郭丁香认出了他。看前夫张郎来了，郭丁香心酸难受，就擀了面条给他吃，里面放有鸡肉、大白菜、粉条和豆腐。擀面的时候，郭丁香拔了个金簪子放在他碗里。他一口吃出这个金簪子，以为是根鸡骨头，一下子就扔了。

喝完了以后，张郎说：“大娘，麻烦再给捞上碗。”他看不见，管郭丁香叫“大娘”。郭丁香也没吭声，又盛了一碗面条给他。吃完了，张郎又说：“大娘，还有的话，你再去捞上碗。”就这样，他吃完一碗，郭丁香就再给他捞一碗。捞了八碗后，张郎还叫：“大娘，你还有……还有的话替我捞上碗。”

郭丁香这时说话了：“张郎、张郎你瞎了眼，对着前妻叫大娘。”张郎这一听就知道是郭丁香，于是拼命向外走，不巧一头钻进灶膛里，被火给烧死了。张郎死了以后被封为“灶神”。他死的那天正好是腊月二十三。从那以后，民间就开始在这天过小年。所以，灶王像上面有三个人：中间是张郎，左边是郭丁香，右边是李海棠。①

① 讲述人：吕建华，女，前韩家村人。访谈时间：2014 年 1 月 1 日。

四、秃尾巴老李

很久以前，有个姑娘嫁到一户姓李的人家，结婚多年也没有孩子。有一次，她去河边洗衣裳，突然风刮过来一个枣，她吃了，接着就有喜了。孩子生下来，一看是条黑龙。这时她家男人出去打柴去了，她生下的龙就围着窗户棱子转，最后一溜烟儿飞走了。到了第六天，黑龙回来吃奶，结果把他婆婆给吓死了。刚好黑龙爹回来，看见黑龙在他娘怀里盘着，拿起镰刀就砍，结果把黑龙的尾巴给砍掉了一小节。

黑龙被砍了半截尾巴，一溜儿又飞走了，一直往东北飞，飞到东北的草温县，他就变成了人。那里有个老善人，是个大户人家，说："你给我干活吧，要多少钱？"黑龙说："我不要钱，你管我吃就行。"这个壮汉能吃、能干。后来他跟老善人说："你雇的这些人都别雇了，光雇我自己就行。你听我的，我要种什么，你别多说；我要种多少，你也别管。"老善人答应了。东北有这么个古话形容粮食丰收，说"山东高粱独一棵，高粱地下满场院"。满场院意思就是粮食大丰收，满院子都是。过了一年，老善人高兴地对黑龙说："我今年真走运！"后来，黑龙就成天在这里歇着。到打粮了，他就套着毛驴子去收粮食。他白天不干，只晚上干。后来，老善人到了三更天起来一看，黑龙真能干，还在地里干活呢。打的那个粮食哟，真是满院又满囤。老善人很满意，连说："好、好！中、中！"

第二年，黑龙又给老善人种地。老善人头一年尝着甜头了，心中有数，啥也不说。结果打完粮食后，各种谷子、苞米、大豆都有，将院子堆得满满的。到了第三年，老善人就愁了，说："这些粮食太多了，院子里都装不下了，卖给谁去？"黑龙说："不要紧，我给你做酒卖。"老善人说："好，做酒。"做好了酒，黑龙就挑着酒到处去卖，在卖酒的时候结识了很多买酒的人。原来5文钱的酒，他只收3文钱的本钱，因此大家都去买他的酒。时间长了，老百姓和黑龙的关系变得越来越好。

草温县里有一条白龙江，江水是白的，里面有条龙，龙也是白的。天不下雨，这白龙就要吃小孩，叫附近的老百姓送童男童女给他吃。草温县的老百姓为这事十分着急，黑龙知道后对村民说："很快会有一条黑龙去江里赶走白龙。如果是白龙出来，大家就撂石头、石灰；如果是黑龙出来，大家就撂馒头、窝头。"说完黑龙就走了。不久，黑龙现出真身到江里去与白龙会战，两条龙打了三天三宿，也没分出胜负。黑龙因为尾巴之前被砍掉，到了第四天，就战不过白龙了。他从江里钻出来，老百姓看见了都赶紧撂馒头、窝头，黑龙吃饱后，又有了力气。白龙跟着追出江来，老百姓看见了就赶紧撂石头、石灰，白龙吃进肚子里去，把肚子烧坏了。最后，黑龙在老百姓的帮助下打败了白龙，将它赶出了白龙江。

从此，黑龙就在江里住下了，白龙江就改名为"黑龙江"。因为黑龙父亲姓李，黑龙尾巴又是秃的，老百姓就叫他"秃尾巴老李"。秃尾巴老李赶走作恶的白龙后，黑龙江从此就风平浪静了。因为秃尾巴老李老家在山东，所以，后来山东人过江的时候，遇到风浪，只要一喊"哎——山东人来咯——载船过江咯——"江面就立马平静，黑龙保佑草温县水土风调雨顺。①

五、村名的由来

据《韩氏族谱》记载，韩家村韩氏一族宋代居河南彰德府，宋南迁后定居江南（今萧山县义桥镇湘南村）。明初兄弟四人从军平定云贵，于永乐二年（1404年）迁往胶东一带。当时一同迁来的有韩姓兄弟四人，一在胶南徐村定居（也有说定居胶南王台），一在胶北韩哥庄定居（也有说定居胶北韩家村），一在莱阳定居（后迁黄县，再迁辽宁复州县），一在阴岛定居（即今红岛）。在阴岛一支初居邵戈庄，直到第三世时才由邵戈庄搬到今韩家村的位置定居，由此发展成韩家村韩氏一族。1929年纂修的《韩氏谱序》对此记载甚详：

> 闻之祖传云，我韩氏于赵宋时居河南彰德府，金兵犯宋迁之云南，明成祖永乐二年乃复，自迁鲁，来时兄弟四人，一居胶南徐村，一迁胶北韩哥庄，惟适莱邑之一支卒不可考，而我始祖独以阴岛为乐土，迁而居之。非择而取之，盖以三面环海，僻处遐荒，可以远后祸，安子孙也。初居邵戈庄，传之三世乃迁韩家始奠厥居，迄今五百有八年矣！

此外，1938年续修的《韩氏谱序》亦有相似的记载：

---

① 讲述人：尚庆梅，女，前韩家村村民。访谈时间：2013年12月6日。

闻之祖传云，我韩氏于赵宋时代原籍河南彰德，金人侵宋，避乱江南，宋室式微，徙居云贵之交，逮明永乐二年乃复，由黔迁鲁东，时兄弟四人，而我始祖居长，其二三四支，一居胶南（今王台），一去胶北（今韩家村），去莱阳一支移居黄县，后迁辽宁（复州县）。惟我始祖独以胶东之海岛为乐土（即今之阴岛），谓此岛屏山环海，孤悬天末，卜居于此，可以远兵燹，安子孙，永无变迁之患矣！初居村名邵戈庄，至三世乃迁韩家奠厥居焉。

韓氏譜系總敘

聞之祖傳云我韓氏於趙宋時代原籍河南彰德金人侵宋避亂江南宋室式微徙居雲貴之交逮明永樂二年乃復由黔遷魯東時兄弟四人而我始祖居長其二三四支一居膠南（今王台）一去膠北（今韓家村是）去萊陽一支移居黃縣後遷遼寧（復州縣）惟我始祖獨以膠東之海島為樂土（即今之陰島）

1938 年修《韩氏族谱・序》(龙圣摄)

据说韩姓三世祖从邵戈庄迁到后来的韩家村时，当地已经有马、张、毛、刘等姓氏在此居住。早在住邵戈庄时，韩姓第二世便有一女出嫁给后来的韩家村刘姓。因为没有儿子，韩姓女子便回邵戈庄娘家要去了三世侄韩铎抚养。韩铎从小在后来的韩家村长大，成家后娶妻生子即姓刘。因此，韩家村刘姓本是韩姓血脉，韩家村至今仍流传有“韩刘一家”①的说法。②

六、郎君庙

据说，明代韩家村村东北角就建有郎君庙、三官庙和娘娘庙。到了清朝顺治年间，韩姓为使子孙能发展得兴旺发达，特意请来当地有名的风水先生进行指导。风水先生到村里察看风水后，建议韩姓把村东北角的庙宇迁到

① “韩刘一家”之说由老年人协会成员们回忆并三次讨论后成文。
② 讲述人：韩平德，男，后韩家北村人。访谈时间：2017 年 5 月 28 日。

村东。韩姓听从了风水先生的建议，准备迁庙，但遇到了一些困难，即郎君庙殿堂大房梁和立柱需粗大的圆木支撑。而外出购买木料的人员一时竟未能买回。即便在外地买到木材，在当时那样落后的运输条件下，要在很短的时间内运回木材也有极大的困难，势必会耽误整个工期。为此，村中主持建庙的会首非常焦急。

就在这期间的一天晚上，主持建庙的会首梦见海龙王传话，说是村民建庙之举感动了郎君神。为解决村民困难，如期建成庙堂，郎君神特赐给大圆木一宗，由郎君港直漂村东，并让海龙王托梦提醒村民前去接取，运回建庙。会首醒来一看，时间正好是子夜，回忆梦中情由，记得真真切切。

韩平德讲述郎君庙的故事(李思摄)

于是第二天拂晓前，会首带着几个人前往郎君港探视，果然看见大堆的圆木漂浮在附近海面上，万分惊喜。他赶紧派人回去叫来村里的青壮年劳力，把大圆木一根一根运回工地。运输完毕，建庙的工匠又仔细丈量了这些圆木的尺寸，惊奇地发现圆木尺寸非常合适，简直分毫不差，十分神奇。郎君神帮助韩家村建庙的消息就这样不胫而走，大家议论纷纷，都认为这是郎君显灵的结果。由于郎君神相助，村民解决了建庙所需的关键材料，所以韩家村村东的庙宇得以顺利修建。完工后，郎君庙、三官庙、娘娘庙三座庙宇前二后一呈“品”字状排列，非常雄伟壮观。

当地村民十分重视风水，村民认为，迁庙对村里的风水影响很大。迁庙

前，韩家村除了韩姓以外，还有马姓、毛姓等姓氏居住，但唯独马姓在村中地多而且富裕，日子过得甚好。传说，马姓在粮食收获打场时，场地上铺着木板，骡马脖子上挂着铃铛，走起路来“叮当”作响，名曰“打响场”，由此可见马姓以前在村里非常富裕。说来也奇怪，自从韩姓在村东建了郎君、三官、娘娘三座庙宇后，马姓的运气就不行了，家道日渐衰落，最后绝了香火。据说，正是韩姓建的三座庙在地理位置上压住了马头，克制了马姓的气势，所以才导致马姓人的衰落。相反，村里的韩姓人却逐渐发展起来，人财两旺，日子过得越来越红火。①

七、春盛号

韩家村的商业曾经红极一时，光是商铺就有数家，其中最有名气的要数春盛商号。春盛商号由韩家村人韩中泮创办于清同治壬戌年(1862)，是一家

“春盛号”流传下来的印章和酒壶(龙圣摄)

主营粮油，兼营竹木、杂货的商铺。韩中泮是韩家第十五世子孙，为人精明能干。他以煮盐起家，家中有船队往来南北之间，把盐砖及附近的鱼虾等海产品运到南方销售，同时又从南方运回粮油、造船材料及渔网原材料等，如桐油、木料、棉花等，因此积累了巨额财富，并在村中开办了春盛粮油行。除

① 讲述人：韩平德，男，后韩家北村人。访谈时间：2017年5月28日。

经商以外，韩中泮还从外地购置和运回大量的图书资料，在家中建起藏书屋，供村塾先生教书和族中子弟学习使用。直到现在，春盛号后人还收藏有“春盛韩记”“春盛图书”“春盛财神”三枚印章，可印证春盛商号昔日的兴盛及其对韩家村经济、文化发展方面做出的重大贡献。

茶壶刻有“盛记”二字（龙圣摄）

“春盛号”图书章、公章和财务章（从左至右）（龙圣摄）

韩中泮创办的春盛粮油行始于晚清，直到1952年才正式停业，经历了整整90年的漫长岁月。其所经营的粮油等产品对几代韩家村人的日常生活产生了深刻的影响。韩中泮所在的支系——继胜支族人继承了他精明能干的特点，能人辈出，富甲一方。时至今日，村民在称呼继胜支族人时仍在其前冠以“春盛”二字，称“春盛某某”。①

八、翰林韩复方

据韩家老辈人说，晚清时期族里出了位翰林学士，叫韩复方。与众不同的是，他并非通过正常的科举考试成为翰林学士，而是被慈禧太后钦赐的。韩复方名首全，字复方，是韩氏第十六世子孙。其祖父韩纯自后韩家村迁居胶南县。清朝同治年间，韩复方上京参加科举考试未中，又用尽了身上所有的盘缠，结果回家不得，只好在京城流浪。读书人无他长处，只是写得一手

① 讲述人：韩平德，男，后韩家北村人。访谈时间：2017年5月28日。

好字，于是他便在王府井大街上写字，卖字帖。有一天，朝中的一位王公大臣在街上闲逛，看到韩复方的字写得非常漂亮，便上前盘问："你是哪里人，为何在此卖字帖？"韩复方答道："我是山东胶州人，千里迢迢来京城参加考试，可惜未能考中，又花光了盘缠，回不了家，只好流落于此。"王公大臣听说他是个参加过科举考试的读书人，又写得一手好字，心中甚喜，接着说道："我府上有两位公子，教书先生前些日子病逝，我请你到府上教导两位公子读书、写字如何？"韩复方听后，看了看刚写好的一幅字帖，面露难色。王公心领神会，慷慨说道："放心，这些字帖我全都买下了，请随我去府上吧。"就这样，韩复方当上了王公府上的教书先生，每天教导两位公子读书、写字。

转眼间两年过去了，又快到了科举考试的时候。王公问韩复方："我的二位公子学习成绩如何，能否应考？"韩复方如实回答说："不能应考。"王公听后思索片刻，又开口说道："这任考试的主考官是我的挚友，我若是提前拿回考题，你代两位公子写文应考，可有把握考中？"韩复方回答道："这是要掉脑袋的事，吾万万不敢为之。"王公见状，保证说："这事就天知地知、你知我知，请你放心，万无一失。"韩复方思考再三，见难以推脱，最后便答应王公给两位公子写了考文。张榜后，王公的两位公子均考中了进士。一个王府同时出了两个进士，满朝轰动。有些大臣说："就凭那两个公子哥的才学，竟能同时考中进士，真是稀奇！"时隔不久，另一位王公大臣感觉事有蹊跷，便借自己过寿辰的机会，请那位王公到府上喝酒，席间他赞叹说："贵府二位公子有出息，同时考中进士，真是了不起啊！"此时，王公已喝昏了头，便向他透露了实情。过后，办寿辰的那位王公将原话奏给了当政的慈禧太后。慈禧太后听后，说："此人如此有才，何以自己考试未中？"于是下令调阅韩复方上届的考卷，又下诏宣韩复方上殿回话。

慈禧太后看韩复方一表人才，不觉心喜，说："我出个题目，你作篇文章，再下定论。"韩复方当即提笔，片刻钟便写就文章，呈给太后。慈禧太后细细阅后，面露喜色，说："你的文章和字迹写得这般好，上次考试未中，那是主考官眼力欠佳。从今往后，你无需再考，哀家就赐你为翰林吧。"韩复方当即跪拜，叩头谢恩。

被钦赐为翰林后，韩复方不久便回乡祭祖。他来到韩氏始迁祖居住的韩家村建造祠堂，民间称"家庙"。祠堂门前左、右各砌上一座旗杆座，各竖上一根旗杆。祠堂门楼上面挂有大匾,上书“韩氏祠堂”四个大字,旁有小字写道“同治十三年韩氏十六世孙复方敬立”。祠堂里面,除了砖瓦房外,还建有一个供祭祀时焚烧香纸的火池。祠堂建成后,武官到此下马,文官到此下轿,给韩氏一族增添了不少光彩。在回乡祭祖、修建祠堂的同时,韩复方还为家族续了字辈,即从“全”字辈开始续了二十辈,依次为:“全以高明德,通章享大功,金声由书泽,继志本孝经。”同时,他还给“韩刘一家”的刘姓续了字辈,即“光宗开福译,崇德启文明。”①

九、韩、矫二姓打官司

据传,清同治年间,在棘洪滩镇海西村矫姓渔民在程戈庄南、后韩家东北、后阳村东南一带海区张幢网捕捞,获利丰厚。尤其是到了一年的夏季,这一海域海蜇生长十分旺盛,产量特别高,因此海西渔民就在近海的后阳村、北韩家一带安装了几十口大泥缸,就地加工海蜇皮。结果,腌制海蜇皮的白矾水大量流入附近海域,污染了海水,导致鱼虾大量死亡,韩家村幢网渔民捕捞鱼虾的数量因此大幅度下降,收入随之减少,直接影响了附近村民的生产与生活质量。

在韩家村幢网渔民们纷纷要求下,村中会首韩氏第十五世孙韩中由出面与海西渔民交涉,但未能解决问题。在此情况下,愤怒的韩家村幢网渔民趁海西渔民出海打鱼之时,把他们加工海蜇皮的大泥缸全部砸碎。此外,幢网渔民的捕捞工具全是竹木编造的伐子,为防止夜间寒冷,幢网渔民们都备有皮袄。韩家村幢网渔民在砸碎西海渔民泥缸的同时,又顺手拿走了他们夜间作业时穿的皮袄。因此,海西渔民把韩家村渔民告上了即墨县衙门。在未经调查的情况下,即墨县衙门就宣布韩家村渔民败诉,并承担相应的赔偿责任。韩家村渔民代表当即表示反对,提出上诉,并要求衙门派人到现场查看后再作出最后的结论。为了打赢这场官司,韩家村渔民请了讼师帮助办理诉讼、打官司。在讼师的指点下,大家伙先是把砸烂的泥缸现场收拾得干干净净,并用船把砸碎的泥缸瓦片运到远处的海域中扔掉;接着又组织村

① 讲述人:韩明斐,男,后韩家北村人。访谈时间:2017 年 5 月 28 日。

韩明斐讲韩矫二姓打官司的故事(李思摄)

里的孩童每天都到韩家村往东去后阳村的道路两旁挖野菜,只要一看到貌似官府的人来,便一起大声起哄道:“到韩家海崖去看打官司。”

不久,济南府和即墨县真的派人来现场调查了。他们刚刚走到韩家村东,就听到路旁不少孩童起哄要去韩家海崖看打官司,心想连这些小孩都知道打官司的事,看来此案定有蹊跷。到了事发地点后一看,现场连一点泥缸被砸的小碎片都找不到,因此这些办案的人就更加怀疑了。正在此时,海西渔民代表又说:“他们还抢走了我们全部的皮袄!”办案的人一听,更加不快,大声斥责道:“这六月大伏天的,你们带皮袄做什么?!”海西渔民代表急忙辩解说:“大老爷,海中无六月啊。”办案的人一听,更加生气了,反问道:“那海里的六月去哪里了呢?”原告一听,言语支吾,一时回答不上来。就在此时,办案的人宣布:“以上案情,纯属海西村诬告,从今以后,此海区西洪间、东湾顶、大沙头、安家埠、毛岛东一带,只准韩姓张幢网捕捞,别姓不准侵占。”此令延续了很多年,直到1949年为止。此事虽无具体的资料可以查证,但祖辈口口相传,坚称确有此事。除韩姓以外,就连同村刘、赵、肖等姓氏在1949年前都不得在这一海域张幢网捕捞。[①]

① 讲述人:韩明斐,男,后韩家北村人。访谈时间:2017年5月28日。

第八章 方言俗语

直到今天，韩家村仍然保留有比较丰富的方言俗语，是村民共享地方知识的重要体现。同时，韩家村还有一些村民创作的诗词歌赋，其中不仅运用了较多本地的方言俗语，而且也涉及当地的风俗习惯，故此也一并呈现给读者。

一、方　言

（一）自然地理

日头（太阳）　　雨旮旯（日晕）
忽雷（雷）　　溜冰（冰）
春景天儿（春天）　　冬景天儿（冬天）
过晌儿（下午）　　下黑儿（傍晚）
擦黑儿（傍晚）　　后头（后面）
场儿（地方）　　旮旯儿（角落）

(二)人物称谓

汉们(男人)　　路倒(野外无名尸体)

操鬼(搬弄是非的坏人)　　朝巴(呆子)

半彪子(不通事理者)　　连襟(姐妹俩丈夫合称)

外头(丈夫)　　门子口(近处的邻居)

二王种(粗野蛮横的人)　　觅汉(长工)

杠子头(爱抬杠的人)　　跟脚子(随娘改嫁的孩子)

斯(精神病人)　　彪子(智力低下的人)

庄稼把式(农事方面的行家)　　割伙儿(特指姘头)

贱才(做了坏事的老年人)　　二下旁人(超出五代的远房族系)

丧门(令人懊丧的人)　　替头闺女(岳母对其女儿死后女婿续娶之女的称呼)

(三)身体机能

耶髅盖(前额)　　牙花子(牙龈)

腚巴子(臀部)　　勃罗盖(膝盖)

痴水(口水)　　鼻清(鼻涕)

邪腺(口吐黏液)　　鸡皮子(鸡皮疙瘩)

磨眼(趼子)　　热疙瘩(痱子)

心肝眼子(大脑反应)　　囵墩(块状或条状的疙瘩)

记事盅儿(记忆力)

(四)衣、食、住、行

豆枕(枕头)　　盖垫(锅盖)

锅嘎渣(锅巴)　　跟脚(鞋子大小合适)

浮台(烟囱)　　面汤(面条)

壳罗儿(空壳子)　　瓜畜(腌制的萝卜咸菜)

矬子(轿子)　　耍物儿(玩具)

巴棍子(木棒子)　　铺衬(碎布、小孩尿布)

麻山（豆饼） 过当（门洞、过道）

甬路子（院落中间的路）

(五)动物植物

泥狗（泥鳅） 果果闹子（蝌蚪）

沫货（小虾的幼虫） 蛤蟆过当（青蛙之卵）

马蝽子（蜥蜴） 胡黍（高粱）

四季豆（芸豆） 山马扎菜（肥皂草）

耐冬（山茶） 芫荽（香菜）

骨都儿（花蕾） 遮眼儿（牲口的眼罩）

(六)动作行为

摁（按） 池（溅、喷）

楔（扔石头打人） 倦（用脚尖往上踢）

窝（折） 莽（轻蹬、轻踢）

歪（用拳打） 骗（单腿跨上或跨越）

掳（骗人） 訇（扔、丢掉）

撇（忘记带走东西） 擢（拔鸡毛）

趄（躺卧） 约（折、折断）

榜（用脚往上蹬） 摞（把砖一块块叠起来）

噘（骂人） 排（由上往下踢）

捋（采折物品） 闯（把棍子一类的物体竖放）

磕（碰掉） 澎（溅了一身泥）

掬（紧紧攀附在物体表面） 捏巴（捏）

嘘嗬（喊叫） 志验（试验）

巴望（盼望） 戗促（抢白）

箍把（紧抱） 害淡（害羞）

扯身（转身） 捣蛋（偷懒）

哈爬（俯仰） 扑堂（践踏）

拉撒（抚养） 引弄（逗引）

割伙(合伙)
提溜(提着)
窝搓(揉搓)
掇弄(整理)
勒肯(难办)
摆台(侍候)
央及(央告)
圆成(促成)
唧嘎(斥责)
和调(搅拌)
打动(搜寻)
欢气(高兴)
鼓拥(蠕动)
管限(约束)
听说(听话)
懒巴(伸懒腰)
颠鲜(献殷勤)
如急(帮助人)
呕吼(大声叫嚷)
拉趴(叉开双腿)
癞怠(令人生厌)
摆弊(硬摆阔气)
划拉(归拢、捞取)
磕倒(摔倒、跌倒)
挖喉(白眼看人)
扎固(修理、惩治)
摆环(显示、炫耀)
舔么(讨好、巴结)
拱送(钻营、投机)
烦气(厌烦、讨厌)

箍舒(收缩)
稳下(放下)
含着(拿着)
赶拢(巴结)
周溜(惩治)
重念(挂念)
肮脏(扫兴)
嫌候(嫌弃)
泥烂(无赖)
豁罗(搅拌)
掂对(斟酌)
招着(扶着)
办弄(搅拌)
宾服(佩服)
觉惊(警惕)
舔腚(拍马屁)
发熊(找别扭)
捣鼓(反复摆弄)
掰亲(缔结亲家)
死撑(强为所难)
重究(旧事重提)
搓约(搓揉、折磨)
倒动(挪动、贩卖)
旮旯(圆圈、绕圈)
折动(变卖、折腾)
摆甩(摆动、摇摆)
谝弄(夸耀、显示)
作蹬(折腾、胡闹)
柳光(奉迎、拍马)
数话(数落、责备)

巴数(批评、责备)
煞实(厉害、扎实)
谋量(考虑、思量)
演当(试验、比量)
嘴措(猜测、琢磨)
挨享(磨蹭、强忍)
咬嘎(争辩、辩白)
鼓拽(走路左右摇摆)
断亲(断绝亲戚关系)
陋喉(不怀好意地窥视)
仰歪(斜靠着东西躺)
踩践(设法贬低别人)
黏缠(不痛快、磨蹭)
拿捏(扭捏故作姿态)
告讼(背后说人坏话)
擦充(将物品擦成丝)
混理(不讲道理、蛮横)
豫磨(意态缠绵、磨蹭)
乍煞(得意忘形的样子)
殆脸(阴着脸不高兴)
刺闹(痒或故意刺激人)
践踏(指毁坏,或糟蹋)
诰说(反复暗示自己的要求)
烧句(得意忘形)
将媳妇(娶亲)
使性子(怄气)
鬼花狐(要花招)
哈吸儿(打哈欠)
胡打佯(胡闹胡来)
嘎性子(吝啬小气)
打直式(突然打冷战)
护驹子(偏袒孩子)
插巴人(开玩笑时故意戏弄人)
献板子勤(瞎殷勤)
驴东狗西(说话没有主题)

(七)情形、状态

玄(危险)
孙(懦弱可欺)
投(包扎物散开)
倒巴(颠倒)
埋汰(脏)
饥困(饿)
屈枉(冤屈)
乐和(快乐)
抛撒(浪费)
滥才(杂乱)
排癞(很脏)
轻省(轻松)
木硬(麻木)
怡和(和睦)
丧气(晦气)
齐截(齐全)
不希(不屑)
离靶(过分)
除过(除非)
蹚着(摊上)

挡事(碍事)
敢准(一定)
单为(特意)
瘪约(变形)
行宜(流行)
拉撒(不利索)
其必(很有可能)
香美(受人宠爱的)
实诚(诚恳实在)
差池(不对、错)
就俯(将就、凑合)
挺脱(结实、牢靠)
板锃(平整、整齐)
草稽(畏缩、萎靡)
脆快(简捷、痛快)
若干(不少、相当多)
杂碎(语言庸俗琐碎)
次毛(质量差、差劲)
神琐(指顽皮、乱动乱拿)
淡话(没意思或语言下流)
流球(举止轻浮、不正派)
二乎(含糊,或犹豫不决)
撸了(意指事情半途而废)
情好儿(放心)
强筋头(倔强)
当口儿(时候)
一拢总(从来)
直式头(值得)
备不住(说不定)
扛不泛(承受不住)

保准(一定)
般配(相称)
下余(其余)
挤束(紧凑)
磕打(受委屈)
支生(很有生气)
朝介(经常的)
雏雏(收缩起皱的)
超应(轻松、宽裕)
懊头(困倦、沮丧)
腻歪(腻烦、厌烦)
要刮(干净、利落)
耷撒(披散、披垂)
全美(周到、全面)
杂么(质量不好、坏)
旺醒(有精神、茂盛)
混是(大概、可能是)
丝挠(事物变质或者发霉)
毛浪(睡梦中说话或哭闹)
够戗(支持不住、没把握)
结剧(有特效、刺激很大)
熬炼(因熬夜而面色疲惫)
相应儿(合适)
浮皮儿(表面)
么点儿(很小)
大共总(总共)
就手儿(顺便)
急芯子(急脾气)
好上的(认真仔细)
不果睬(出乎意料)

发几时(从什么时候)　　下三滥(下贱、不自尊)
死羊眼(不机动灵活)　　不离儿(不错、挺好)
大约摸(约摸、估计)　　大概起(大略、大约)
罢式的(作罢、罢了)　　赶忙儿(马上、立刻)
江江儿(刚刚、稍微)　　含个儿(整个儿、完全)
敢子好(感情好、正好)　　管儿时(不论什么时候)
眵眼儿(眼力不高易被骗)　　么臧改儿(时间不长)
现当紧儿(立即、当场)　　不管事儿(不要紧、不打紧)
费事八卦(指办事用心良苦)　　急溜溜的(赶快、急匆匆的)
远路风程(遥远、风尘仆仆)　　皮脸擦滑(顽皮过度令人讨厌)
忘魂失道(神志恍惚、易忘事)　　不返乏儿(压力重、承受不了)
炎莫唆的(指羞答答的样子)　　海儿海儿的(形容非常非常多)
道三不着两的(说话颠三倒四)

(八)其他

饥荒(债务)　　时气(运气)
莽材(人的仪表)　　营生(活儿、事儿)
景儿(事物的因果)　　沫沽渣(泡沫)
囫囵梨(语不明意的话)　　鸡跷脚(小把戏、蹊跷可疑的事)

二、谚　语

(一)节令农事

春分秋分,日夜平分　　清明难得清,谷雨难得阴
清明断雪不断雪,谷雨断霜不断霜　　麦割夏至,谷立秋
立了秋,哪里下雨哪里收　　处暑三日无青参
高粱砍于白露头　　秋分种麦正适宜
白露早,寒露迟　　春天捅一棍,秋天吃一顿

社前社后麦倒针
六月六，看谷秀
六月连阴吃饱饭
七月七，割稻谷
七月耕田瓢舀油
八月耕田勺舀油
天春不如一秋忙
忙煞忙，先打场

家里送饭坡里吃
人哄地皮，地哄肚皮
人误地一时，地误人一年
庄稼一枝花，全靠肥当家
种地不施肥，等于瞎胡混
千算万算不如良种合算
有钱买种，无钱买苗
见苗三分收
豆豆豆，九十六
谷谷谷，一百二十五
豆子开花，墒沟摸虾
沙里多栽杨，泥里多栽柳

（二）气候

正月十五雪打灯
雪里灯盏（元宵）
雨里秋千（寒食）
有钱难买五月旱
八月十五捞了月
东北风是坏风
朝霞不出门，晚霞行千里
旱天不下雨，涝天不起晴
天上鲤鱼斑，明日晒谷不用翻

（三）修身处事

愁一愁，白了头
人心要实，火心要虚
地在人种，事在人为
人敬有的，狗咬丑的
馋人做媒，痴人作保
吃饭先喝汤，不用开药方
饭后百步走，活到九十九
心里无闲事，不怕鬼叫门
老实常常在，强暴惹祸害
朋友千个少，冤家一个多
买卖不懂行，瞎子撞南墙
村看村，户看户，群众看干部
吃不穷，穿不穷，打算不到一辈子穷

三、歇后语

疤瘌脸照镜子——自找难堪（看）

八月十五蒸年糕——早忙活

裁缝掉了剪子——光剩下尺(吃)了

茶壶煮饺子——肚里有，拿不出来

赶车的不拿鞭子——穷诈唬

甘露寺招亲——弄假成真

甘罗拜相——小人得志

擀面杖吹火—— 一窍不通

高老庄借宿——该咱老猪出面了

高山顶上乘凉——老占上风

狗咬月亮——不知天高地厚

过河的卒子——有进无退

过年娶媳妇——双喜临门

哈哈镜照人——奇形怪状

韩湘子的花篮——要啥有啥

耗子进风箱——两头受气

和尚吃荤——知法犯法

红娘挨打——成全好事

黄鼠狼给鸡拜年——没安好心

见王母娘娘叫大姑——想沾点仙气

看闲书掉眼泪——替古人担忧

梁山的军师——无用(吴用)

旗杆上挂抹布——算哪国的旗号

骑驴上坟——惹老人生气

拴绳子养海带——根在上面

戏台上的夫妻——下台就散

小葱拌豆腐——一清二白

小寡妇坐轿——转悲为喜

小孩吃泡泡糖——吞吞吐吐

蟹子过河——随大流

正月十五贴门神——晚了半个月

猪八戒的脊梁——无能之辈(悟能之背)

猪鼻子插大葱——装象

走路吃瓜子——两不耽误

作家的皮包——里面有大文章

做梦娶媳妇——想好事

四、谜　语

猜四种鱼名:

执首升为执首长(谜底:加吉)

上吊不用尺子量(谜底:高眼)

正宫娘娘生一女(谜底:黄古)

把门君子不用枪(谜底:大刀鱼)

五、诗　歌

(一)

扯大锯,割大槐,姥娘门口扎戏台。
姥娘不给饭吃,锅台后抓把盐吃。
呛煞了,呛煞了,买个火烧压压吧。

(二)

小板凳拉梅花,俺娘养了俺自己。
买个鸡下蛋吃,买个鸭拴着耍,
买个老虎打勾丫。

(三)

噢了了,噢了了,小孩要想睡大觉,
摸索摸索头,孩子睡觉不害愁。

（四）

小蚂蚱二寸长，蹦蹦达达在路旁。
饥困吃棵路边草，渴了喝点露水汤。
七月八月还好过，九月十月下严霜。
下了严霜得了病，一搬搬来刘先生。
先试脉，后开方，七粒椒子三片姜。
铺着豆叶去发汗，把腿一伸见阎王。
绿豆蝇来守灵，哭得小眼血点红。
双目夹来吊孝，银灰大褂里面套。
小蚊子来哭小姨子，在坑旮旯乱哼哼。

（五）阴岛渔家谣

家住阴岛郎君港，清明打鱼乳山前。
扬帆南行四十里，船出团岛向东转。
顺流麦岛石老人，沙子口外老爷山。
祭拜怀石崂山头，青山黄山入眼帘。
田横岛望辛家港，一蓬顺风大埠圈。
棉花山前大小泓，东走石浦一道湾。
石浦摇橹白沙滩，日暮船泊浪浪滩。
和尚洞前扎大铺，日出海阳撒网欢！

（六）出夫修路七字句①

修路到了肖家南，官拨民夫不花钱。
近的四村行了工，远的村庄来得晚。
官家差个监工鬼，不讲情理无人言。

① 本条与下条《幼小和成家后的生活处境》作者均为韩以善。韩以善，后韩家村的农民，自幼父母过世，由兄嫂抚养成人，因家境贫困，无条件进学校读书。20世纪初，他对旧势力的压迫与剥削深恶痛绝，内心充满了反抗，于是凭自己的口才和生活经验顺口作打油诗，借以发泄内心的愤恨。他的诗句巧用方言土语、民俗民情，很受当地百姓的欢迎。

手持一根外鬼槐，打得老少跑颠颠。
闪躲不及身挨打，不该打我老年惨。
贼子打我甚是疼，我骂贼子千万遍。
要问贼子是哪乡，家住山东海阳县。
从小爹娘莫教劝，圣人没过五龙边。
要问贼子名和姓，外人送号长虫眼。

（七）幼小和成家后的生活处境

韩家有个韩以善，少小受苦不堪言。
只因爹娘死得早，跟着兄嫂受艰难。
拾草挖菜是常事，上坡下地把水担。
年岁长到二十几，娶了苏氏过门坎。
分居门户度日月，拉撒孩子更是难。
苦累熬过五七载，生了一女并三男。
孩子长得像欢虎，夫妻心里也觉甜。
穿戴吃用真艰涩，吃肉杂仨骨头干。
养儿盼望老来好，宽透日子过几年。
三家虎子成了气，哪年不进一千钱。
挺起腰板喘口气，舒心欢乐过晚年。
到了那时街上站，谁不羡慕我以善。
富户人家要发财，挖泥筑堤造盐田。
雇此穷人把活干，日夜劳动在海滩。
披星戴月受苦累，腰酸腿痛流血汗。
挣下工码要不来，东家赖账不给钱。
手里卡本黑心账，仗势行恶把人骗。
支一吊的记两吊，支两吊的记四串。
要得急了不讲理，要得慢了瞎了钱。
如此心肝能发财，权算老天没睁眼。
人坏心坏有报应，天爷龙王看在眼。
五黄六月发大水，东风一浪把堰摊。

狗光跳跃往外跑，支鱼欢腾往里钻。
已成型的晒盐田，瞬间变成一荒滩。
东家受损揪心肺，雇工心中暗喜欢。
恭手祈祷神灵意，老天总算睁天眼。

(八)春汛东海捕鱼路程打油诗

春汛捕鱼海阳前，谷雨拔锚快开船。
各种工具准备齐，前往东海有航线。
胶州湾内四十里，越过口门到前湾。
高浪麦岛石老人，沙子口前不停船。
越过怀石崂山头，青山黄山在眼前。
田横岛北辛家港，顺风直奔大浦圈。
棉花山东是小泓，距离石浦一步远。
浪暖口东和尚洞，各种港口都丰产。

第九章 村里的人 村里的事

在韩家村，不管是过去还是现在，总有些让村民记忆深刻的人和事儿，只要一说起来，大伙儿就能形成共鸣。在讲述这些人与事的时候，村民如数家珍，将其中生动的情节、丰满的人物、曲折的命运、辉煌的荣耀等，娓娓道来。

一、韩家小学

韩家村村民心中最为自豪的一件事就是村里有所历史悠久的学校——韩家小学。学校位于后韩南北二社区东部（即韩家村东头），东与韩家民俗村相邻。校舍建于原郎君庙、娘娘庙、三官庙遗址之上。旧时，韩家小学东有郎君港，前有凤凰湾，门前有通往海滨的鱼盐古道，是阴岛经济文化荟萃之地。

韩家小学，创办于1924年8月，始称胶澳商埠“公立韩家庄初级小学校”，后几经起伏，屡次更名，曲折发展，至今已有90多年的历史。

1. 韩家小学创办前的教会学校和私塾（1924年之前）

在1924年创办小学之前，韩家村有教会学校和私塾两种学堂。1897年，德国占领胶澳，次年逼迫清政府签订《胶澳租界条约》，割胶州湾四周为

村东头韩家小学前的凤凰湾一角(韩家民俗村提供)

德国租界。此后,德国开始在当地开设教堂,创办天主教学堂。受此影响,韩家村也建有一座天主教堂和一所教会学校,学校叫作“蒙养学堂”,又称“新义学堂”。教会任命牧师为堂长,主持学堂事宜。学堂教师是天主教牧师、教士,学生多为教徒或准教徒(即准备发展入教者)的子弟。学堂经费来自德国教会,学生免费上学,因此初期招收的学生不少,据说有40余名。教师工资每月15元(银元)左右。教会办学为的是宣传教义、培养教徒,为教会服务。因此,教学内容除基本的文化课程外,还教习《圣经》,通过宣传教义向学生灌输基督教思想,以实现精神控制。比如:教学生“忍耐好、忍耐好,忍耐就是我家宝,人家骂我不还口,人家打我就往家跑,打骂都不恼”。“我的心里两个王,不知哪个待我强,一个叫我下地狱,一个叫我上天堂,相信耶稣才得安康。”

除教会学校外,私塾也是旧时韩家村主要的教育资源。1923年以前,村民刘允勤、韩乳山二人在村内兴办私塾,当时有初级和高级两个班。刘允勤教初级班,韩乳山教高级班。1923年,两位先生年事已高,卸任教职,韩高轩(字奎跃)继任。因村民对教学质量不满意,村民又去大胡埠村请来魏显仁任教。传统私塾教授课程有《三字经》《百家姓》《千家姓》《千家诗》及“四书五

经"等，主要对学生进行启蒙教育。1925年秋教育改良，1926年村里私塾改教新书，课程有国文、算术。1927年前，村民韩高崑开办另一处私塾学校。据老人回忆，刘允勤是利用刘氏祠堂办学，韩高轩是用自家房屋办学，韩高崑则利用韩高峰家的闲置房屋办学。私塾先生的生活及报酬完全由学生家长负担，一般开学初即交半年学费，共计3吊钱，以后逐年增加。另外，学生家里要轮流给先生提供饮食。

旧时，教会学校与私塾并存，直到1924年韩家村创办小学后才结束。

2. 韩家小学的初创(1924～1929年)

1922年，中国收回青岛主权，开始在当地发展公立教育。在此背景下，1924年8月，胶澳商埠督办公署决定在韩家村创办公立小学校，命名为"公立韩家庄初级小学校"[①]，创办费用为129元(银元，下同)，由此正式开启了韩家小学的历史。此后公署每年拨给学校经费410元，包括校长每月薪金28元，公费4元，冬期3个月炭火费27元。[②]

1927年4月，学校更名为"公立后韩家初级小学校"(简称"后韩初小")，王玉光(字晶岩，山东堂邑人，原私立青岛大学毕业生)任校长，另有教员一人，小学每年办学经费为1089元。1928年5月，王玉光被堂邑县聘任为教育局局长，遂调离学校。同年6月，教育局派王春海(字东涌，山东东昌府人)任代理校长，当年即被辞退。1929年初，张青田(字春山，山东阳信人)任校长。1927～1929年初，在学校任职的领导和教师有王玉光、陈玉志(字秉仙)、张振远(字协三)、王春海、张青田、张维谨(字慎亭，山东临朐人)、关佩玉、吴子介、程德贞(字淑花，张青田校长之夫人)。学校领导和教师由教育局聘任并支付工资，平均每人每月为18元左右，学生上学免收学费。

后韩初小在管理上实行校董会领导下的校长负责制。为此，学校成立了第一届校董会，设立教务处、训导处、事务处，负责教学、学生管理等事务。其中，教务处设有教学组、注册组、设备组。教学组负责教学研究、指导等事项，组长由专任教务主任担任；注册组掌管课程表、学籍、成绩、考勤等事项；

① 胶澳商埠督办公署:《胶澳商埠督办公署训令第一七九五号》，载1924年8月5日《胶澳公报》。

② 胶澳商埠督办公署:《胶澳商埠督办公署训令第一七九六号》，载1924年8月5日《胶澳公报》。

设备组管理教学图书、实习和劳作设备。后两个组的组长由教师兼任。训导处设有训育组和管理组，训育组长由训导主任担任，管理组由专职教员兼任，掌管军体，兼管卫生。事务处设有文书组、庶务组、出纳组，组长由校长选择教员兼任。学校重大事宜由校长组织召开校务会议研究决定，校务会议每学期进行两次。

后韩初小的招生范围除前韩家、后韩家外，还包括高家村、尹家庄、宁家、赵家、宿流、首家庄、萧家、小庄、前东洋嘴、后东洋嘴、西大洋、东大洋、后大洋。因不收学费，学校成立后韩家村及周边的乡民子弟纷纷报名上学。1927 年，学校有 62 名学生（全为男生），其中一年级有 26 人、二年级有 12 人、三年级有 15 人、四年级有 9 人，分为 2 个教学班。一开始，由于人数不多，学校借用祠堂和租借韩高轩、韩以岱两人的房子作为教室。1928 年，入学人数增多，教室越来越紧张，学校里年龄较大的 20 多名学生拿着工具于夜间偷偷跑到村东庙内，砸了几具神像，企图以庙堂作为教室，但未成功。1929 年秋季开学时，学生人数剧增，已发展到 8 个教学班、250 人。学校根据具体情况设了初小（初级班）和高小（高级班）。初小课程有国语、算术、常识、唱歌、体育。高小除上述课程以外，增开英语课，由张维谨老师教英语。值得一提的是，1929 年秋季招收的学生中有 10 多名女童，包括韩美玉、韩玉曼、韩惠淑、纪振华、韩兰芳、韩素贞、韩玉霞、韩真美、韩俊美、韩香亭、韩秀英等。为此，学校专门设立了女生班，由王秀文老师担任班主任。由于学生增多，校舍变得紧张。为解决这一问题，村里将村东的 2 亩庙田卖掉，在娘娘庙禅房西侧盖了 7 间平房作为教室，另有办公室及杂用室各 1 间。

3. 抗日战争前韩家小学的发展（1929～1938 年）

1929 年 4 月，南京国民政府接收青岛，设立“青岛特别市”（直辖于中央行政院），韩家小学随之更名为“青岛特别市市立后韩家完全小学”。1930 年 9 月起，青岛特别市改为“青岛市”，韩家小学再次更名为“青岛市市立后韩家完全小学”，直至 1938 年止。

1929 年 4 月至 1938 年 1 月，张青田任后韩家完全小学校长。当时小学教师的聘用按照政府的要求进行，通过试验检定与无试验检定两种办法选聘教师。由于教师聘用有严格的要求，因此学校师资水平大大提高。此段时间在校任教的教师有周鹿麈、王中田、吴佩玉、甘殿香、王秀文、郭焕亭、高

1934 后韩家小学新建校舍(图片引自《青岛教育》1934 年第 12 期)

郁甫、杜长军、张春田、张芝山、李秋山、程德贞、林星函、郑雁峰、刘冠三、葛子由、方汉英、孙步青、郭萌作、蔡振康、张树梅、刘东芝、徐有兰、刘振甲、周石城、吴老师等。

后韩家完全小学属于公立学校,不收取学生杂费,村子附近平民子弟都来学校读书,学生数量连年增加,原有校舍已不能满足,因此学校建设了新教学楼。建设经费包括教育局拨款和地方集资款两部分。其中,1932 年教育局拨款 4500 元。集资款由前、后韩两村出,按地亩数收取,农田每亩 3 角,盐田每付斗 4 元。当时后韩村有土地 1480 亩,收款 450 元;前韩村有土地 400 亩,收款 120 元;前后韩共有盐田 120 付斗,收款 480 元。由于款项不足,后韩家村又磋商将庙上仅剩的三亩地卖出,得款 1300 元,以上共得集资款 2350 元,连同教育局拨款,共得经费 6850 元。为保证建设顺利完成,学校组建了以韩以江、韩以绍、韩以本等为代表的建校委员会,负责指导和监督。具体工程则是由当时韩家村村长韩高祥领导,由学董韩高松负责施工。1934 年春季开工,深秋竣工,入冬时学生全部进入新教学楼上学。新校位于村东头娘娘庙的西南,教学楼为砖石结构,水泥抹面,青瓦盖顶,分上、下两层。每层 6 间教室,共计 12 间,每间教室都添置了桌椅和教学设备。教学楼

二楼地板由木板铺成,楼梯走廊朝北,位于楼中央。教学楼往南3米处为0.5米高的石墙,墙上装有1米高的木栅栏,是为南院墙,院墙再往南2米处是草塘。完工后,当时的青岛市长沈鸿烈亲自参加了教学楼落成典礼仪式。学董韩以江代表村长韩高祥、学董韩高松等建校领导小组接受教育局的奖励,同时还被市长亲授奖章一枚。此后,沈市长经常来韩家小学视察并在校东碱场指挥学生操练。

后韩家设初小和高小。初小课程有国语、常识、公民。高小课程有国语、算术、自然、农业、党义、历史、地理、卫生、图画、唱歌、体育、劳作、军训、国术。根据教育局规定,学生学年成绩平均为60分以上者具有毕业资格,毕业时参加青岛市举行的会考,成绩合格者颁给毕业证书,不及格者给予一次补考机会,仍不及格者不发毕业文凭。学年成绩平均在60分以下者为留级生,不给文凭。1929～1938年这段时间,每年有80多名毕业生。

这一时期后韩家完全小学作为当时阴岛少数几所公办学校,师资力量强,校舍规模大,招生人数多,办学质量高,取得了辉煌的成绩。比如1932年春季,阴岛区"区乡建设办事处"(区公所)在千佛山召开各小学观摩大会(运动会)。参加大会的学校有韩家、肖家、宿流、东大洋、西大洋等小学,竞赛项目则有田径、篮球及学生作业成绩展览。韩家小学获田径总分第一、篮球冠军、学生作业成绩最佳3个奖项,得银牌3个、奖杯2个。大会结束后,学生们敲锣打鼓,胜利而归,并绕村一周。晚上,学校领导组织学生各自准备灯笼,在校内举行灯笼会,庆祝胜利。

4. 抗日战争中的韩家小学(1938～1945年)

1937年,日本再次入侵青岛。次年1月,日军的两个指挥官高建、亚川和汉奸赵景青带着20多个"二鬼子兵"(伪军)占据韩家小学。此后,教师各自还乡,小学停办,只有村里管事人韩高通在校看门。为不使学生失学,本村文化人士韩高轩(字奎跃)、韩高琴(字熏南)相继办起了私塾教学,招收学生六七十人。另外,当时信基督教的村民因受外国人的影响鄙视私塾,在教会主持人韩高连的支持下,于韩家村教学的4间房中办起一所富有教会色彩的"新学",招收学生将近30人。日伪时期,侵略者十分重视文化侵略。1942年,由日本人的汉奸翻译向村私塾学堂学生发放日语课本,责令学生每周上2节日语课。当时的日语课本在日语字母上加汉字注音,有"阿、依、乌、

嗳、噢、喀、其、苦、开、考、撒、希、素、再、扫、哪、米、怒、乃、恼”等字样，企图让学生速习侵略者的语言。

1942年麦收前，日本人派伪军以拆学校为由向村民敲诈勒索，村民都很着急。但当时的村长韩高杰却无动于衷，不管不问。村里百姓和名望人士一再催他设法阻止，他却懒洋洋地说：“等区长韩平章回家后我告诉他，让他办吧，我有什么办法呢?”其实韩平章在区公所早知此事，他也不知所措，后来在村中代表的再三逼迫下，才去了青岛找他所谓的朋友——翻译李修峰，向日本人求情。谁知李和日本人串通一气，非要村民交钱才肯罢手。待韩平章回村时学校已被拆完，拆后的一切砖瓦木料全被运往马哥庄，用于建盖杀掠中国人的碉堡和战壕。同年，伪阴岛区设立了一所区立小学，韩家小学为分校，由韩振远任校长，校舍为租来的本村民房及公房。1943年，区立小学停办，韩家小学独立，同时韩振远先生调往宿流小学任校长，韩高琴继任校长。

5. 抗战胜利后韩家小学的复兴(1945～1949年)

1945年8月15日日本无条件投降后，青岛市教育局决定复兴各地小学。同年12月，青岛市教育局督学关佩玉来韩家村商讨复兴小学事宜。通过与村中主事人及有名人士商讨后达成共识，决定恢复“公立后韩家完全小学”之名。春节后，学校立即招生，要求适龄儿童全部入学。教师由市教育局委派、校长由教育局任命，教室由村里出面租借民房，秋季由市教育局和村子共建校舍。

1946年3月，公立后韩家完全小学成立，韩振远任校长，学生共有300多名，分为9个教学班。教室和办公室主要是利用公产和租借民房。其中，教堂后的

1948年公立后韩家完全小学新校舍示意图(龙圣摄)

4间正房为办公室，另3间正房和3间东厢房为3个教室，韩氏祠堂、刘氏祠堂各为1个教室，再借用韩明普5间瓦房、韩顺德3间东厢房。为使学校走向正轨，1947年市教育局决定给韩家小学盖12间教室，资金由教育局拨付一部分，村里自筹一部分。为此，村内按每户土地、盐田、船只多少摊派。教室建设由建校委员会负责，其成员有韩高溪、韩明玺、韩以歧、韩高台、韩明竹、韩振远，具体负责监工的是当时韩家村的村长兼学董韩以魏和校长韩振远。工程自从1947年动工，直至1948年秋才竣工，同年冬季学生迁入新教室读书。新建校舍从东至西有12间教室，全长80多米。正面有10个教室，门口朝南，东、西两边向北各拐出一间教室，门口相向。正面教室中央开有一个过洞，出了过洞向南不到七八米就是苇塘。从远处看去，这所学校就像一列驰骋的列车，颇为壮观。复校后，每年在校就读的学生近400名，9～10个教学班，每年有近100名学生毕业。随着学校的恢复和发展，教师数量也在不断增加。在校的教师有韩振远、韩树声、韩高勤、韩明句、李东芝、雪梅、刘允勤、孙环海、张启远、周贤民、韩冠五、孙丕路、韩明泗、韩明生、韩通九、肖彩钦、韩之响、韩须德、韩芸芬、刘恩三、赵芝英、徐永君、张觉民等。教师的工资由政府支付，平均每人每月为20元左右。

6. 中华人民共和国成立至"文化大革命"前的韩家小学(1949～1966年)

1949年6月，因阴岛隶属即墨县，韩家小学改称"即墨县第八区后韩家完全小学"。随解放军进村的校长姓于，两个月后就回即墨县刘家庄参加教师培训去了。8月底，张觉民调任校长，李书申任教导主任，韩俊山任事务，男教师有迟作典、王建条、王本中、任澜波、韩明芬，女教师有肖维鸾、曾志君、李淑贞。此外，学校还从村里聘有代课教师，包括男教师韩显德、韩明贞、韩明全、韩同昌，女教师韩淑媛、韩文秀。学校经费主要是由国家拨款，用于公办教师工资和民办教师的工资补贴以及办公费。其中，公办教师的工资由国家支付，月工资大约为32元；民办教师的工资待遇较为复杂，主要由村里负责；办公费按教学班数发放。另外，每学期学校向每一学生征收1～1.5元的学杂费。基本建设费用根据具体情况由即墨县教育局和村里共同承担。学生来自邵戈庄村、小庄村、前阳村、后阳村、肖家村、宁家村、后韩家村、前韩家村8个自然村。其中，前韩家村、后韩家村1～6年级的学生全部在韩家小学就读，其余6个村只有5～6年级的学生在韩家小学上学，学生

共计500余人。1949年，韩家小学在中国共产党和中国新民主主义青年团的领导下成立中国少年儿童队，全校设一个大队，下设中队与小队。大队设辅导员，由学校教师兼任。在课程设置上，初小（1～4年级）有国语、算术、常识、美术、音乐、体育；高小（5～6年级）有国语、算术、历史、地理、自然、政治、美术、音乐、体育、劳动、珠算。当时，韩家小学毕业生的毕业证书由即墨县教育局颁发。学生毕业证书由过去的两联改为三联。左端一联为学校的存根，由学校在骑缝处编号盖章；右端一联为验印存根，由县教育科保存；中间一联为证书，在"年月日"上加盖校印，校长署名下盖校长名章。毕业生当中，考入军校、青岛市中等学校的学生继续深造，未考及未考取的学生则回家务农、打鱼、做工、晒盐等。

1951年，校长张觉民调离，同年7月宋新义（山东海阳县人）调任校长。1953年，因有几名教师教训韩大钊，宋受到处分被调走。同年7月，孙维贵（今上马街道人）调任校长。同年8月，根据中共中央指示及中国新民主主义青年团中央的规定，儿童团改为"中国少年先锋队"，首任大队辅导员是韩显德。孙维贵在任期间（1953～1958年），学校教育制度稳定，师资水平较高，教学质量较好。从校长到教师皆尽心尽力工作，每晚备课两小时，每周召开一次教研活动。此外，文体活动也开展得很好，课余时间师生经常组织打篮球、乒乓球、康乐球等，也经常组织一些有益于身心健康的文艺活动。学校每年年底都要排一个大型歌舞剧，以活跃春节气氛，演出的歌舞剧有《白毛女》《大解放》《伍铁耙》等。

1950～1957年，村里还在韩家小学开展了业余教育，每年晚秋开学，第二年初夏暂停。上课时间随农时而变更，或下午四五点钟，或晚上，或早晨。业余教育分初级班、高级班、中学班三级，学习地点为韩家小学教室，教师由村里请人义务教学，办公费则由乡等集体供给。业余教育最鼎盛时，男女老少踊跃参加，每晚人数可达300余名。1954～1957年，村里还成立了两个常年学习班，名曰"速成班"。一个目不识丁的青年通过为时两年的拼音学汉字的速成学习后，能识2000多字，可读懂一般的书信、报纸和读物，并能写出500多字的文章。

1958年7月，校长孙维贵调离，开学时严继琛任校长。当时，严继琛30多岁，中等个子，为人精明强干，工作雷厉风行，生活朴素，言行朴实，偶尔还

有些幽默。严继琛任校长不久就赶上了全民大炼钢铁运动，他亲自带领师生到处搜集碎铁，曾几次带领师生到沧口海岸上的垃圾堆中找碎铁，甚至连取暖用的铁炉子也不放过。大炼钢铁持续一年多，到1959年余风尚存，教学工作因此受损不少。

1960～1962年，这三年基本处于生活救灾状态，教与学都不太安定，生活最困难时期学校不得不半日上学、半日休假。为安定教师情绪，严继琛亲自带领教师开荒种菜、种粮。1961年，秋收大白菜万斤；1963年，生活好转，学校工作走向稳定。为弥补前几年教学上的损失，校领导和全体教师群策群力、不分昼夜抓教学，教育质量显著上升，涌现出不少先进教师，比如肖淑兰老师1964～1966年连续三年荣获市“先进教师”称号。20世纪60年代初，学校人事调动很大，仅教导主任就换了3人，裘姓干了一年多，魏本理干了一年多，张德取又干了一年多，崂山银行的财经员王有年还担任了一年书记。这时学校有14个正规班，2个附属工读班，共有学生500多名、教师20余人。

由于年久失修，至1965年校舍已成危房。上级部门检查后，决定翻新校舍。翻新用料是拆下旧校舍和娘娘庙、三官殿、郎君殿的旧料，缺的部分由县教育局下拨。技工工资由县教育局拨款，壮工从生产队征用。同年7月底，工程全部竣工，共翻新12间教室，又利用剩余的材料盖了3间办公室、3间伙房和2间宿舍。在翻新校舍的日子里，严继琛废寝忘食，忘我工作，付出了极大的辛苦，为韩家小学教育工作做出了很大贡献。后来他担任了阴岛公社中心学校校长，负责全社的教学工作，但仍兼韩家小学校长，使韩家小学成绩一直处于本社前列。

7.“文化大革命”中的韩家小学(1966～1976年)

“文化大革命”开始以后，韩家小学在管理、教育教学等方面受到了很大的影响。1968年开展教育革命，公办、民办班合并，统一编排、统一管理，全部下放到生产队办学，经费由韩家村两个大队筹集。根据中央指示，贫下中农管理学校。是年9月，很多公办小学教师返回原籍，各村立即选派有文化的社员进校任教。11月，以刘宗浩为组长的5人组成贫下中农代表参加学校管理工作。1968年1月至1969年7月，学校的临时负责人为刘宗湖。1969年8月至1974年5月，校长为刘泽柏(棘洪滩人)。其后，肖敬志(红岛街道肖家村人)任校长直至“文化大革命”结束。1969年春，红岛公社韩家小

学在上级批准下办起了七年一贯制学校（后改为八年一贯制学校），韩家小学更名为“韩家学校”，学制为小学五年、初中二年，同时后阳村中学班、邵戈庄中学班合并于韩家学校。学校设 6 个初中班、学生 266 名，加上小学招收的学生 600 余名，学生总数为 870 余名。在整个 20 世纪 70 年代，小学和初中学生总数达到了 960 名左右，教师人数达到了 56 名，为韩家学校建校后师生人数最多的时期。此时学区包括后韩一大队、二大队、前韩大队、后阳大队和前阳大队。1972 年，韩家学校第一届初中毕业生共 50 名顺利毕业。

由于韩家学校是包含初中部的七年一贯制学校，因此那一时期教师数量较多，包括韩树声、肖全钦、刘宗部、刘宗湖、韩昌德、韩严德、孙秀云、商竹庆、韩悦德、韩明梅、韩明佩、韩进德、韩祝德、韩同芳、刘泽柏、肖敬芝、韩明贞、韩仁德、韩高塞、刘宗浩、韩爱香、韩明娥、王淑兰、肖文香、韩素君、韩淑华、韩林华、张崇新、王焕义、王次林、高有新、金旨民、白有初、宋振华、杜兰功、韩芝瑞、韩敏瑞、任立久、韩美琴、肖维九、赵丕民、吴思礼、赵霞、江钱贤、纪云尚、袁莉、胡秀云、李丽英、李云兰、宋淑英、李新高、孙思桐、宁维汉等。公办教师的月工资平均为 42 元，除工资外，还有医疗费、取暖费等福利。民办教师实行工分制加补贴的薪酬制度，由大队按照同等劳力记工分，教育局每人每月补贴 2～22 元不等。

“文化大革命”期间，学校建设的经费主要来自于村集体筹集、教育局资助以及学校勤工俭学收入。1970 年，学校发展困难重重，如教室的门窗桌椅残缺不齐，教学仪器缺乏，办学经费不足，等等。再加上学制改革，小学联办，初中需建教室和招聘大量的教师。由于学校景况不佳，没人愿意干事务工作，虽也任命几人，但结果都是不久即卸任不干。最后，两个大队分管学校的领导动员韩昌德到校负责事务工作。1971 年春，由前韩家、后韩家南、后韩家北、前阳、后阳 5 个村集资建 7 间后排教室、一处 27 洞的厕所及全部院墙。县教育局给每间教室资助建设款 1000 元人民币。1971～1974 年，学校开展开荒地、编筐篓、养猪、晒盐等生产活动，到 1974 年建起了百亩盐田，所收款项充实了办公费用。1974 年冬，学校对原有操场进行扩建，把原有小操场削高填洼，建成了面积达 4000 平方米的运动场，安装了篮球架等体育设施，对开展学校体育运动、提高学生的体质起了重大作用。1975 年，学校修建了校园大门，为前排教室的南窗安装了防盗铁棍，并加高西院墙、修甬道、竖旗杆、修台子、建画廊花园、砌砖讲台、砖铺各班门前走道。1976年,学校又扩建了体育场,修建了百米直道。同年8月,建办公室5间,除东、西两间由后韩一大队、后韩二大队负责派人进料建设外,其余全由教师自己动手盖建。

在课程教学方面,1969年前后,当时的七年制学校开设课程有语文、算术、军体、唱歌、图画、劳动课。1975年课程设置为政治、语文、数学、自然、常识、体育、音乐、美术、劳动等。

8.“文化大革命”结束至今的韩家小学(1976~2017年)

“文化大革命”结束后,尤其是改革开放以来,韩家小学各项事业逐步恢复和发展,迎来了历史上最为兴盛的时期。

1976年后,韩家学校仍然保留下来。1977年,新建教室3间。至1981年,韩家学校初中部撤销并入肖家中学,学校更名为“韩家小学”,这一名称沿用至今。同年,韩家小学成立了校务委员会,成员有贺方仪(是年8月任校

1977年新建的3间教室(韩家民俗村提供)

长)、肖全钦、刘宗部3人。校委会的职责是领导和管理全校的工作,组织协调全校人员,全面贯彻党和国家的教育方针、政策,正确执行上级党委和教育行政部门的决议和指示,领导和组织教学工作、思想政治以及体育卫生工作,管理学校的校舍、设备,改善教学条件和学校环境等。1990年9月,红岛乡成立教育党总支,学区设立党支部。韩家小学、后阳村小学、邵戈庄小学的党员属韩家学区党支部,由韩家小学的校长王圣初任党支部书记,后由刘宗强、孙维

国、李修魏、曲方佩交替担任。1998 年 8 月，各小学单独成立党支部，由各小学校长任党支部书记。至此，韩家小学形成了党务、行政健全的管理体系。

在学校运作经费方面，“文化大革命”结束后至今，学校教师工资主要由国家拨付，办公及建设经费多为村里负责，包括自筹、征收的学杂费和社会捐助等。其中，2006 年国家规定免除小学学杂费，这部分经费由财政支付。随着改革开放以来社会经济的发展，社会各界踊跃捐款、捐物，极大地促进了韩家小学发展。在各级财政、村集体和村民、企业支持下，韩家小学进行了大量建设和改造，校容校貌焕然一新，办学条件大为改善，具体见下表：

韩家村小学历次修建情况（1977～2006 年）

时间	学校建设及改造事项	资金来源及数目
1977 年	建设办公室以东的 3 间教室	城阳区教体局提供围梁石、小屋架和门窗木料，前韩家、后韩家北、后韩家南、前阳、后阳、小庄、邵哥庄 7 个村按比例出资
1984 年	绿化面积 2500 平方米，对全校的教室地面铺设了红砖	前韩家、后韩家南、后韩家北 3 村委出资
1996～2000 年	修复危房 12 间，更换房屋烟囱倒垄，铺设自来水管道，硬化校园主甬道等	由前韩家村、后韩家南村、后韩家北村三个办学村及青岛通用铝业有限公司韩平德先生出资
2001 年	整修已成为危房的校舍	前韩家、后韩家南、后韩家北 3 村及社会各界人士筹资
2001 年夏	修复危房教室 12 间	前韩家、后韩家南、后韩家北 3 村投资 5 万元
2002 年春	中院、后院铺设地砖 800 平方米，修前院草坪 500 平方米，操场南面硬化	韩平德出资 5 万元
2002 年 9 月	硬化主甬道、分甬道，修建了主席台、路灯、旗杆等	韩平德出资 12 万元
2003 年 4 月	建成 48 座的语音室	红岛街道出资
2003 年 4～5 月	栽种水松 16 棵、柳树 40 余棵、女贞树 44 棵、白口红 20 余棵、蜀桧 20 余棵	韩平德与红岛街道林业站出资 3 万余元

续表

时间	学校建设及改造事项	资金来源及数目
2003年7～9月	改造学校危房教室3间,修建微机室54平方米、实验室68平方米、仪器室30平方米,装修校长室、会议室、办公室,购置办公桌20套、实验桌48张、实验台1套、会议桌、椅子等	韩平德出资24万元;刘开强捐献全部塑钢门窗,价值8万元,并捐献一批办公桌椅
2003年9月	校舍内外墙、院墙修建	韩平德出资5万元
2003年9月	捐资助学,捐献办公用具	韩刚德捐资1万元,韩德海捐助办公用具3000元
2003年9月	购买了31台微机	红岛街道出资
2003年12月	在校园中建设了石景	韩平德出资1.6万元
2004年6月	修建操场,修建水泥面篮球场2块	韩平德出资12万元
2004年6月	捐助篮球架2对	刘开强捐助
2004年6月	修跑道200米	刘宗参捐助2000元
2005年4月	修竹园、梅园各1处	韩平德出资2万元
2005年9月	建伙房2间和自行车棚	前韩家、后韩家南、后韩家北、前阳、后阳等村出资2万元
2005年10月	安装汉白玉12生肖石雕	韩平德出资2万元
2006年9月	建设校园网	由后韩家南、后韩家北、前韩家、前阳、后阳5村按比例出资5万元,其余25万元由街道政府筹集下拨
2006年10月	建起了监控、网络,值班室2间,铺设了网络线路	由后韩家南、后韩家北、前阳、后阳、前韩家5村按学生比例集资2万元,门窗由前阳村供给

续表

时间	学校建设及改造事项	资金来源及数目
2006 年 10～12 月	美化学校及周边环境，恢复古凤凰湾、土地庙、关帝庙，硬化学校西部路面，建假山，修建通海桥及学校东扩围墙基础工程和土地回填平整等工程	韩平德出资 50 余万元

韩家小学大门（韩家民俗村提供）

在师资及教师待遇方面，“文化大革命”结束到取消初中部这段时间，韩家学校的教师数量为历史上最多，达到 58 人。初中部撤销以后，教师人数维持在 30 人左右。至 2006 年年底，韩家小学有教师 32 人。由于“文化大革命”的影响加之师资缺乏，20 世纪 80 年代以前，在学校任教的教师除师范院校毕业的以外，有些教师学历达不到国家规定的要求。1999 年以前，教师中还有很多是民办教师。改革开放以来，通过培训、在职学习，教师的学历和业务能力迅速提高，年轻教师都是正规师范院校毕业。国家和社会各界重视教育，尊师重教蔚然成风，教师的福利待遇也不断提高。1985 年 9 月，公办教师工资开始改革，实行基础工资、职务工资、工龄津贴及其他工资在内的结构工资制。1986 年开始，教师享受奖励工资，每人每月为 6 元。此时公办教师的人均月工资为 180 元。1989 年 9 月普调工资，人均每月增加 18 元；到 1990 年，教师的人均月工资为 190 元。此后，教师的工资不断增长，到

2006 年,教师人均月工资为 2100 元。“文化大革命”后一段时间内,民办教师的报酬仍实行工分制加津贴的办法。1985 年,民办教师也开始实行工资制,人均月工资为 120 元。1986 年开始,民办教师与公办教师同工同酬,工资基本相同。1999 年,民办教师几乎全部转为公办教师,“民办教师”一词退出了韩家小学的历史舞台。

校内教室(韩家民俗村提供)

在课程教学方面,“文化大革命”结束后学校教学逐步走上正轨:语文、算术、思想品德为必修课,并作为考试科目;历史、地理、体育、音乐、美术也列入课程表,纳入正式教学内容。各学科使用全国统编教材,增加了科学知识内容。1984 年开始,学校开辟了第二课堂。1990 年,学校把历史、地理课合并,称为“社会”课。1995 年,1～6 年级增设了活动课,为考查课。1997 年,小学 4 年级增设了英语课,为必修课。

此外,“文化大革命”结束后,学生活动日益丰富并取得重要成绩。1978 年,韩家学校恢复了少先队组织,建立了大队,大队下设中队,中队下设小队。为开阔学生视野,锻炼其独立思考能力,培养其创新精神,1981～1986 年,学校主要组织学生开展“第二课堂”活动。1987 年以后,学校课外活动的内容更加丰富多彩。学生根据自己的爱好和特长,参加读书、写作、书法、绘画、文娱、体育等小组,开展自主学习。1987 年 5 月,韩洋德捐助了 8 个花鼓,学校成立了红岛乡唯一的花鼓队。2000 年 5 月,韩平德捐资2 万元、刘宗

参捐资2000元，为学校配备了全镇规模最大的鼓号队（81人）。2002年11月，韩平德出资2.2万元成立韩家小学合唱团。2003年7月，校合唱团参加城阳区艺术节比赛演出获得二等奖。2005年11月，校合唱团参加城阳区艺术节合唱比赛获得一等奖。

"文化大革命"结束至今，在党的新时期教育方针的指引下，学校的管理、教学、建设、师资等各项事业逐渐走上了正轨。由于工作突出，韩家小学多年被评为镇"文明单位"和"先进学校"：1988年10月，被原崂山县委、县政府授予"文明单位"称号；1997年，被评为"青岛市优秀管理学校"；2000年5月，被评为"青岛市优秀家长学校"；2006年2月，被评为"市级管理规范化学校"；2006年4月，获"青岛市绿化先进单位"称号。

二、日寇的侵略

韩家村所在的胶东沿海地区自古就有倭寇扰乱，到近代又成为日寇侵略的重灾区。因此，韩家村流传有很多关于日寇侵略当地的故事。

1938年，日本人高建率领的日伪军侵占了韩家村小学教学楼。该部在占驻韩家村小学的几年时间里，横行霸道，经常到村中抢夺财物，虐杀百姓，其罪行罄竹难书。同年，还有一个日本鬼子嘉川带领一个中队的伪军来到韩家村东的东洋（嘴）村。20世纪20年代，日本人投资开发阴岛的盐场，在东洋村成立了盐业株式会社，盖有一栋三层的楼房，全部是用石头盖成的，当地人称"东洋楼"。嘉川来了之后，就住在东洋楼的第三层上。伪军就住在旁边的碉堡里。后来，青岛保安中队和国民党组织拉拢了这些伪军。经国民党地下组织劝说，伪军大队长高斯洪在一天夜晚打死了嘉川（实际上只是受了重伤），然后拉着伪军跑到即墨，投靠了国民党的队伍。韩家、大洋等村的人都很害怕，一看嘉川快不行了，就让火轮把他送到青岛的日本医院。嘉川到了青岛还没死，就跟他的上司说，不关当地老百姓的事，是伪军干的，于是红岛村民才逃过一劫。

1941年，韩家村青年韩马无故被日本人抓去，最后被日本人放狼狗活活咬死。1942年，侵驻韩家小学的日伪军头目高建为了敲诈村民钱财，先是命部下拆掉了教学楼后面的伙房和几间宿舍。过了一段时间后没看到村长来

日本人在东洋(嘴)村修建的“东洋楼”(遗址)(龙圣摄)

送大洋,他气急败坏,一怒之下便命令部下冲向教学楼,揭瓦、拆墙、砸门窗,一座完好的教学楼霎时成了一片废墟。随后,日本人高建又强行征调民工,把拆下来的砖瓦木料运到马哥庄去修筑碉堡。1942 年冬,日本人又在韩家村西制造了命案。他们先是放狼狗咬伤村民肖维香之妻贾氏,后又开枪将这名中年妇女打死。

日本侵略者罪行累累,激起了韩家村及其附近村民的反抗。1942 年,韩家村青年韩军德、刘宗仁因家贫,在盐警队长高方先手下当兵,与日本人同住后阳村东据点。某日,趁日本头目去青岛之机,高方先指令韩军德、刘宗仁放火烧日本驻屋,烧死了 2 名日本人。高方先借机拉出队伍离开后阳往西开拔,韩军德、刘宗仁断后掩护。激战中,高方先率部突围,急速过了沽河。因天黑,韩军德、刘宗仁没找到部队,无奈潜回韩家村家中,开始了昼伏夜出的生活。有一天,当时的保长韩高楷派人送信,要韩军德、刘宗仁立即外逃以躲避日本人的抓捕。然而不幸的是,就在夜晚逃跑时,二人被日伪巡逻队捉住。辨明二人身份后,韩军德、刘宗仁被拉到韩欢德家门外,绑在大树上,让狼狗撕咬。二人当场便昏死过去,其状惨不忍睹。第二天,日伪军将韩军德、刘宗仁带回城阳,投进监狱,不久便将他们处决。

侵略当地的日本鬼子有管元、尚田、桥木、大众等。其中,管元最坏,干

了不少伤天害理的缺德事，韩家村村民至今仍对他恨之入骨。管元进驻的是后阳村，每逢阴历二、七韩家村集市日，他便腰带大刀，插着20响的手枪，脚穿高筒马靴，领着狼狗来到集上，无恶不作。比如，有的老人在集上走得好好的，管元趁其不备，突然从背后猛踹一脚，老人应声倒地。见老人跪卧不起，痛苦不堪，他就拍手称快。若看到哪个中国青年不顺眼，他就上前提起那人的衣领，把手中燃着的卷烟投进去。听得受害人被烫得嗷嗷直叫，他哈哈大笑，得意而去。有一天晚上，管元带着伪军来韩家村搜查八路军。因韩平德家里靠近大街，伪军直接砸门而入。那会儿，韩平德叔叔正在家里，他是做肥皂的，手上有老茧，被误认为八路军，非要抓他不可。韩平德的姑姑在里屋炕上睡觉，吓得发抖，一点声儿也不敢出。后来也不知什么原因，管元和伪军就走了，韩平德叔叔和姑姑才躲过一劫。

还有一次，韩家村老人韩高云因家境贫寒，在大街西头关帝庙前摆小摊，卖糖果、卷烟，管元走到他跟前，抓起糖果强行分给周围看光景的儿童，若是谁不要，谁就会挨上他的一记耳光。直到把糖果分得精光，他再逼着分到糖果的儿童统统回家，急得韩高云涕泪俱下。管元这才趾高气扬、心满意足地离开。管元走后，兜着糖果的儿童又悄悄把糖果还给了老人。

1945年，日本投降了，管元因为之前做了很多坏事，心里非常害怕。政府派人到阴岛来押送他去青岛与其他投降的日本人会合。船到了岸边，管元死活不肯上船。他怕自己上船后被扔到海里喂鱼，因此赖在海滩上不动。后来，政府工作人员叫来翻译，说是送他到青岛集合，他才上船走了。

三、韩明光的地方反动武装

抗日战争期间，国民党势力撤退，地方武装趁机发展壮大，韩家村出现了以韩明光为首的地方武装势力。韩明光，1915年出生于韩家村的一个盐民之家。父亲韩高密是位善良、勤劳的农民，一生以晒盐、务农和打工为生，因为干活肯出力，人称“觅汉头”（打工头）。韩明光自小机智、调皮，勇气与毅力高于同龄人。他8岁进韩家私塾，学习传统文化知识。1934年，青岛市长沈鸿烈组织考试选拔村民去青岛体育场参加青岛市保安中队集训，韩明光与韩高杰、韩高鹏等人通过考试被录取。

1938 年 1 月，青岛保安中队向沂蒙山区撤退，经过阴岛北部村落棘红滩时，时任保安中队班长的韩明光带领 10 人弃枪离开队伍，返回韩家村。当时，国民政府已撤出青岛，日本人尚未占领阴岛，阴岛处于无人管理的状态。经沈鸿烈批准，阴岛盐民买枪自卫。盐民私人出资购买了 12 支德国先进的联发盒子枪，成立韩家民团。团长为韩明欣，副团长为韩明进。买枪的人选派自家子弟携枪参加军训，由青岛保安中队派教官进行训练。离队返乡的韩明光收了韩家民团的部分枪支，成立了阴岛自卫团，发布公告安民。民团团长韩明欣则投靠了青岛保安中队，其他人解散回家。

韩明光手下有七八十人的精悍短枪队，手枪、匣子枪几乎全是德国制造，队伍中枪法准的有二三十人，据说是百发百中。因此，阴岛自卫团是当时阴岛一带很有实力的地方武装，就连日本人也要给韩明光几分面子。1940 年夏，驻后阳的日本鬼子管元来韩家村闲逛，被韩明光部下下了枪，押到了保公所。不一会儿，日本鬼子管元便佩带着自己的短枪大摇大摆地回到后阳。此后，日本人和韩明光的人媾和妥协，互不干预。可见，韩明光当时具有较强的武装实力。可惜的是，韩明光的队伍没上前线去抗击日寇，而是依仗手中的武器，以韩家村为基地，成为阴岛的实际统治者。他们所有的活动经费都要分摊在村中百姓身上，盐田、大小渔船、牲口、人口都要出保护费，给老百姓造成不小的压力。韩明光个别手下也有仗势欺压百姓的行为，百姓们只能忍气吞声，任其宰割。

1942 年，韩明光被青岛地下处委任为即墨胶边区办事处主任（当时李先良是青岛市长）。他不去，跟着青岛保安中队二队队长于中昆在大沽河和日本人作战。撤退泗水时差点被淹死，被一个胶州的老农民救了，但是他的部下韩高波牺牲了。同年，时任青岛保安中队科长的吴德三（老家河套，离红岛 10 多公里）被任命为阴岛区区长，携一个中队（约 30 人）驻扎在阴岛的宁家村。他也想独霸阴岛，这就触动了韩明光的利益。因为吴德三人手众多，硬打打不赢，一天夜里，韩明光带领手下去暗杀吴德三。吴德三住的屋子没有瓦，是草顶房，屋后面有一棵树。于是，韩明光先让一个人上树，把绳子拴好，然后几个人顺着绳子爬到屋顶上，把草扒开，对着下面熟睡的吴德三开枪，将他当场打死。同时，韩明光还俘虏了 10 多个当兵的，并在韩家村北后崖下挖坑将他们活埋了，其中便有前阳村的肖维孟。从此，韩明光与青岛保

安中队结下深仇大恨。1943 年春，青岛保安旅的人突袭韩明光，包围了后韩家村。搜查的时候，韩明光躲在一户人家的夹壁墙中间，躲过了一劫。保安旅的人捉住韩明光手下邵戈庄人刘之安和肖吉喜，先是将他们乱刀刺死，然后再拉到村中间的关帝庙前，在大街上用铡刀铡下头来，挂在村里的教堂前示众。在搜捕过程中，不少当兵的趁机抢走韩家村百姓的钱财衣物。对韩明光来说，青岛保安旅的这次突袭是报复性的举动，可是遭殃的却是韩家村的老百姓。家家户户紧闭大门，人人提心吊胆，好几天都不敢出门。

1943 年春夏，少雨干旱，百姓们吃水困难，村中西南两口饮用水井前经常排队挨号，有时通宵达旦才能挑上一担水。而村东南全村唯一的甜水泉由韩明光的人把守，将水挑到自己家中盖房子，却不让百姓挑水。百姓若前去挑水，不但会被折断担杖，摔坏水桶，更有甚者还要挨上一顿揍。那时，村中青年韩明学 20 多岁，血气方刚，对此不服。他前去挑水，结果遭到打骂。韩明学忍无可忍，还了几下手。后来才知道，他打的那个人竟是韩明光的亲外甥。回家后，在街坊邻居和家人的劝说下，韩明学趁夜逃奔他乡，一去杳无音讯。天灾人祸，饥寒交迫的当地百姓苦苦挣扎。韩明光家却拿着搜刮来的民脂民膏大兴土木，一边为自己建造宽敞的青砖青瓦宅基大院，另一边则给父母修造豪华的寿坟大墓。

韩明光的队伍驻韩家村的时间最长，他为了达到长期据守的目的，先是和驻扎在后阳的日本人媾和妥协，互不干预；后向阴岛村民收取保护费，一年一亩地要收一块大洋。为交纳保护费，村民不得不东挪西借，加之高利贷的盘剥，沉重的捐派像一副无形的枷锁，压得韩家村百姓喘不过气来。据韩平德说，他姨妈的公公家里本来有一亩多地，就是为了交保护费，后来船也没了，地也没了。有一次，韩明光手下先收了农民的保护费，然后又打着韩明光的名义收费。宁家村村长向韩明光告发，韩明光反将这个人活活打死。老百姓只能忍气吞声，乖乖交钱，因为稍有不慎就可能招来杀身之祸。例如，渔民韩以理去海阳县港口捕鱼时，在一次群众集会上（那里是解放区）说出了家乡百姓受苦遭难的真相，结果回家后被人告了密，接着被韩明光手下提去，绑着双臂吊到树上用木棍、藤条打得死去活来，幸得街坊邻里及亲友多方求救才免于一死。被放回后，没等伤好，韩以理就带着全家老小逃出村去，几经周转，逃到海阳县解放区，直到韩家村解放后才重返家园。

1945 年春，徐明山任胶县县长。趁日本人向日本收缩之际，徐明山进入阴岛，驻扎在岛北的张哥庄村。徐明山和韩明光常有往来，结为义兄弟。徐明山的队伍有 100 多人，他也想独霸阴岛。韩明光就召集部下进行策划。当时，徐明山请韩明光到张哥庄一个地主家喝酒，韩明光预先和一个叫于白可（绰号“小黑”）的护兵商量好暗号，等到韩明光喝完第三盅酒，把酒盅往盘子上一放，发出暗号，于白可就冲入房间，拿枪打死了徐明山。徐明山死后，其队伍被遣散。同年 8 月 15 日，日本宣布无条件投降，群众奔走相告，庆祝抗战胜利。这年秋天，韩明光的队伍把日本人留在后阳大楼的所有粮食、木料等物占为己有。村民韩明岑之妻去后阳村要饭，因拿了日本人丢下的几斤玉米，结果被韩明光的人开枪打断了腿。日本投降后，韩明光带着队伍离开了韩家村。

从这以后，韩明光的去向就不得而知了。有人说国民党军队司令姜利川收编了韩明光的队伍，并任命韩明光为营长。韩明光就随着队伍离开阴岛，驻扎即墨。后来韩明光受不了正规军的约束，想投奔八路，姜利川发现后要打死韩明光。不知出于什么原因，姜利川打死的是一个从监牢里拉出来的死囚，而韩明光则逃走了。家属接到消息后去给韩明光收尸，发现被打死的并不是韩明光，回家后就做了个木头人放在棺材里，出了假殡，以掩人耳目。也有人说韩明光走后投奔了八路，向共产党主动交代了在阴岛的所作所为，后参加解放战争立了功，当上了南方一个军分区的司令。总之，村里人再也没见过韩明光，也没人知道他到底去了哪里，韩明光的下落和结局成了一个谜团。①

四、革命事迹

韩家村人民有着光荣的革命历程。1943 年，中国共产党牟海县委为开辟胶县、即墨边区工作，派李仁节、李仁会先后以开中药铺当医生的身份作掩护，到韩家村开展抗日工作，包括宣传中国共产党的抗日主张、建立中国共产党的地下组织，秘密开展地下联络工作。党组织利用历史上韩家村去

① 该部分内容据韩家村老年人协会成员回忆整理而成，期间经过三次集体讨论。

胶东沿海一带捕鱼的习惯，在海上建立起秘密交通线。受党的地下工作影响，同年6月5日，陈继祥（前韩人）在去牟海县大埠圈捕鱼时，经任守章介绍，加入了中国共产党。同年9月，为开展阴岛一带的工作，中国共产党即墨县委派六区区委书记李西夫和委员罗竹亭、王风亭等到阴岛后韩家村，通过罗竹亭的亲戚关系，以开药铺做掩护，开展地下工作。重点任务是发动青岛工人、阴岛渔民起来斗争，瓦解敌伪，发展韩娥等两人入党。几个月后，因引起敌人怀疑，李西夫向县委请示后，于翌年春撤离后韩家村，六区区委同时撤销。李西夫调到即墨县敌工科工作，罗竹亭调到解放区，王风亭被安排到青岛开渔行从事地下工作。

1944年5月5日，经陈继详介绍，高延芳（前韩人）在去牟海县大埠圈捕鱼时，加入中国共产党。同年6月，渔民肖相武、刘宗智（后韩人）在牟海县捕鱼时，由王涛、孙明介绍，在小泓村加入中国共产党。同年冬，渔民刘宗宪、刘宗胜二人（后韩人）经肖相武介绍加入中国共产党。经党组织同意，肖相武、刘宗智、刘宗宪、刘宗胜四人建立了党小组，肖相武任组长。他们四人在当时牟海县委的领导和指示下，买了一只船，往来于阴岛和牟海之间，建立起一条海上秘密交通线，具体任务是从海上往返运输解放区急需的物资，如布匹、染料、火油、炸药、枪支弹药等；同时把党派往敌占区的地下工作干部自海上运至敌占区。此外，为适应对敌斗争，他们还经常携带宣传品到敌占区秘密散发。解放前夕，他们还多次去大麻湾（解放边缘区）送情报，并带回传单在家乡秘密散发。在执行各项任务中，他们把生死置之度外，以大无畏的牺牲精神多次在敌人严酷的搜查中巧妙对应，化险为夷，圆满地完成了党交给的任务。在中国人民伟大的解放事业中，他们尽到了共产党员的义务。是年12月，在日本拖网船任大副的刘宗爱（后韩人）和任二副的刘之诚（邵戈庄人），在中国共产党地下党员宋臣的教育和说服下，发动船上的7名中国船员，将船上的2名日本监工捆绑并押入舱底，开船从小港离开，次日早晨安全驶达解放区乳山口旗杆石，将船交给政府，受到当地党政军民的热烈欢迎和表彰。

1945年，中国共产党胶东区党委在牟海县为发动阴岛区渔民抗日救国和声讨国民党卖国求荣及压迫贫穷人民的罪恶事实，召开声讨大会，在从阴岛去海阳捕鱼的全体渔民中培养大会发言人。当时，在中国共产党后韩家

村地下党员肖相武的推荐下，渔民肖维旬、韩明理二位代表阴岛人民前往参会，并痛斥了万恶的旧社会，受到大会的表扬。

1946年春开始，阴岛各村党组织每年春汛之前都到海阳乳山县解放区为本村贫苦渔民贷款，解决资金不足的困难。

1948年，中国共产党胶东区党委统战部干部于万明，在海上运输枪炮、火药时遭到国民党军船的拦截，被抓往青岛六号港口，处境十分危险。后韩家村地下党员肖相武得知情况后，找到本村地下党员刘宗智、刘宗宪共同商讨，伪装成做买卖的将于万明救了出来，并派本村船民刘宗仁用大船伪装后送往乳山县解放区归队，受到当地政府的热情接待和表扬（在1956年的“肃反”运动中，于万民因曾经被捕一事受到牵连，肖相武、刘宗仁出据证明材料为其平反）。时隔两月余，肖相武因救于万明以及指挥海上秘密运输等事，被国民党青岛谍报队抓去审查，怀疑其与八路军私通，遭受酷刑，接着又被转送国民党青岛特别法庭审讯，在地下党员刘宗宪的积极营救下才被释放。

1948～1949年春，后韩家村渔民肖相珍、刘开皇受到中国共产党在青岛的地下党员刘宗智、王茂山、王修吾三人的指示，秘密驾驶渔船向中国共产党胶县县委驻红石崖工作组传递情报及运送军需物资。为了人民的解放，为了党和八路军的工作需要，二人历尽艰险，来往于青岛与红石崖之间。在一次水路运输过程中，经过沧口，二人驾驶的渔船被驻沧口的国民党青年军拦截。因船没停，被青年军开枪射中，一块船板被打出一洞来，顿时海水涌灌，二人用棉衣堵洞刮水，最终将船开回家中。两天后，中国共产党党员刘宗智从青岛回家找到二人，又交代了任务。二人又冒着生命危险毅然去了青岛四方电厂外，装铁板运往红石崖，受到当时中国共产党地下党的表彰。驻红石崖工作组当时以开店为名，字号“利东”。工作组有地下党员刘旭生、刘同祥、刘支伟（化名王泽志）。刘同祥闻知海上运输不安全，给他二人一支手枪，以备来往过程中防身使用。但二人感觉渔民没有带枪的，容易暴露身份，便将枪支埋在了阴岛海域的冒岛上。时间久了，怕枪生锈，二人又挖出来送还刘同祥。

1951年，为支援朝鲜人民的解放战争，韩家村青年踊跃参加中国人民志愿军，开赴前线，抗美援朝。这些年轻人包括前韩常世琨、高新芳、高葵芳（1952年去世），后韩韩明节、韩明策、韩明春、韩明雨、韩明香、魏济帮、韩明

秋、韩高淑、韩明引、韩明财等。

韩家村的先辈们为中国及朝鲜人民的解放斗争做出了光荣而伟大的贡献，没有他们大无畏的精神和付出，就没有后来和平、稳定的生活，希望人们能永远记住这些光荣的革命事迹，继续发扬红色传统，建设更加美好的祖国和家园。

五、文艺队

韩家村村民多才多艺，很早就成立了文艺队，给乡村生活增添了美好色彩。据村民回忆，早在1920年，村里就有了文艺队简单的演出活动，主要演员有韩高岗、韩高忠、韩高志等。他们一般在冬天农闲季节组织村里文艺爱好者学戏剧，每到传统节日（正月初一到十五、清明节等）便出来演出，很受群众欢迎，以至于今天，红岛依然流传有“韩家的剧，西大洋的戏，肖家的台子很不立”的说法。

中华人民共和国成立初期，为配合土地改革运动及多次政治运动，韩家学校组织演出，演员大部分是小学教师，在青岛读中学的学生放寒假回家后也参与组织排练。春节演出期间，主要剧目有《白毛女》《大解放》等，主要演员有韩显德、韩同昌、韩明泉、韩逢山、李书申、肖相美（女）。其中，韩家村排演的话剧《白毛女》在1951年演出后，在阴岛引起强烈的反响。

20世纪六七十年代，村文艺队到青岛演出，一般都在春节前排练，春节期间演出。演出的剧目主要有《三世仇》《红岩》《夺印》《红灯记》《沙家浜》《白毛女》等，主要演员包括韩昌德、韩仁德、韩明万、刘宗湖、韩淑芳、韩芹生、韩林华、韩素君。这些文化艺术宣传活动，不仅通俗易懂而且在农村各项运动工作开展中起了积极的推动作用，深受广大社员群众的欢迎。因此，除在本村演出外，文艺队还被邀请到各村表演，先后到过马哥庄、赵家岭、前阳村、东大洋、邵戈庄、高家村等。

如今，韩家村文艺队主要由韩家村老年人协会以及村里的文艺骨干组成。在前几年的城阳区合唱比赛中，韩家村合唱队获得了一等奖。乐队负责人韩明万把韩家村的音乐能手们组织起来，每天上午在民俗村西边的小屋里练习。乐队上的乐器有电子琴、扬琴、笛子、二胡、坠琴、大小镲、鼓、锣等，每个人各司其职。实际上，文艺队的老人们大部分都会好几种乐器，休息的时候常常互相交流经验探索问题，并一起讨论解决办法。

韩家村乐队练习演奏(李思摄)

文艺队表演《挖蛤蜊》(李思摄)

乐队成员都是男性，韩家村的娘子军们则在队长任素珍的带领下排练歌舞。她们的节目很丰富，从民歌、吕剧到流行歌曲都有所涉及，主要包括渔民摇橹划船表演，撒网捕鱼表演，茂腔、柳腔、吕剧等地方戏曲展演，民间歌曲演唱，阴岛渔家谣、挖蛤蜊、渔家乐等村民自编自演等节目。每到节庆

时期，如春节、元宵节、郎君庙会、妇女节、老人节等，文艺队就出来进行表演，极大地丰富了村民的娱乐生活。其中，《阴岛渔家谣》和《挖蛤蜊》最具渔家特色，只要有电视台采访或者领导视察，她们一定会表演这两个节目。由韩家村村塾老师王学隧和韩平德共同整理、创作的《阴岛渔家谣》十分有趣。节目用短短百来字把渔民出海捕鱼经过的地点连缀起来，唱出了一条生动的阴岛渔民出海打鱼的路线。

六、老年人协会

2003年，为关爱和帮助老年人，村民韩平德发起和倡导后韩家北村建立老年人协会，受到村民韩连德（原胶南市常务副市长）、韩专德（原胶州市市长）、韩琳（原即墨师范学校校长）、韩玉德（青岛师范学院教授）等人的支持。在韩平德的资助下，村里利用废弃的房子重新修缮后建立了老年活动室。活动室有4间屋子、一个院子，配备有办公桌、麻将桌、暖炉、沙发等设备。

2003年后韩家村老年人协会成立大会（韩家民俗村提供）

经过积极筹备，同年3月30日，村里部分60岁以上的老人组织起来，成立了老年人协会并选举出第一届理事会。其中，韩明书担任会长，韩普德（兼秘书长）、韩明扬、韩明平、韩明万、韩明宽、韩方德、赵珍香任副会长，刘开明、李明忠、韩明晶、韩明利、李良忠、韩彩香等任理事，韩平德任名誉理事长

并出资1万元支持老年人协会的运作。除韩家村老人外，当天出席会议的还有青岛市城阳区民政局以及红岛街道的领导。为保障协会有序运转，后韩家北村老年人协会成立后制订了《后韩家北村老年人协会章程》，对协会组织原则、目标、活动等方面做了详细的规定。

在后韩家北村的带动下，前韩家村、后韩家南村也相继成立了老年人协会。2004年，前韩家村老年人协会成立，由常世民任会长，韩欣德任理事长，刘宗恩、刘开臣、韩明召任理事。2005年，后韩家南村老年人协会成立，刘宗浩担任会长，刘宗部(兼秘书长)、刘宗参、刘明禧任副会长，刘宗教、韩明显、肖相义、韩明富、韩明亲等任理事。至此，整个韩家三村都有了老年人协会。发展至今，前韩家村有老年文化娱乐院一所，后韩家北村有老年活动室一所，后韩家南村有老年活动室两所，是各村老年人协会的固定活动场所。

老年人协会成员在牟氏庄园旅游合影(老年人协会提供)

平日里，老年人协会常常组织老人参加打扑克、下象棋、跳舞、唱歌等活动，其中经常演唱的曲目有《北京的金山上》《沂蒙山小调》《父亲母亲》《十送红军》等，极大地丰富了老年人的生活。此外，老年人协会每年重阳节会给老人们分发慰问品，并组织村民表演节目庆祝老人节。刚开始，老年人协会仅限于后韩家北村，庆祝活动在后北村小学的广场上举行。村里的表演能手，幼儿园、小学的孩子们纷纷加入演出，节目有歌唱、演奏、舞蹈等。随着老年人协会逐渐扩展到前韩家村、后韩家南村，庆祝老人节的表演队伍也越

来越庞大。2007年韩家民俗村建好后，老人节的庆祝活动就集中安排在民俗村里进行，时间一般是半天（上午或下午），庆祝节目有大合唱、独唱、太极、健身球、扇子舞、小品、吕剧、柳腔等表演。除韩家三村的老年人外，韩家小学的学生也会前来表演节目。

老年人协会成立后，韩平德每年给韩家三村每个老年人协会拨1万元的活动经费，并委托老年人协会每年给村里老人发放新春礼物及生日礼物。村里凡75周岁以上的老人过生日，都会在生日前一天或当天收到老年人协会送去的生日蛋糕和美好祝愿。春节时，老年人协会组织通常会召开新春座谈会，慰问老人，总结本年度的工作开展情况以及布置下一年的工作，并为60周岁及以上的老人送去大米、食用油、鸡鸭、茶叶、棉袄等新年礼物。此外，在韩平德的资助下，老年人协会每年还组织老年人外出旅游一次，去过的地方包括安丘青云山民俗游乐园、栖霞魏氏庄园、崂山、青岛中山公园等。

经过多年实践和努力，韩家村老年人协会不仅对老年人产生了重要的影响，而且在改善社会风气、促进基层社会稳定等方面也产生了积极的作用，引起了城阳区政府的重视，并被确立为区里老年人协会的典型范例加以推广。受此影响，一些有条件的村子也开始纷纷效仿韩家村成立老年人协会，推动了整个红岛地区爱老、敬老风气的发展。

老年人协会成员在崂山旅游合影（老年人协会提供）

七、韩家民俗村

韩家民俗村，由村民韩平德投资1.2亿元，自2004年开始筹建，历时8年修建而成。建成后，民俗村成了韩家村村民举行民俗活动的重要场所，并成为传承村落民俗文化的重要基地。可以说，民俗村的出现是新世纪以来，韩家村无人不知、无人不晓的一件大事，深刻影响着每一位村民的生活。

韩平德萌生修建民俗村的想法，源于其个人成长的经历。1946年，韩平德在后韩家村出生。此前，家里有盐田和一条运盐船，生活颇为殷实。但好景不长，1936年，爷爷韩高楼染上霍乱去世，家境日益衰落。此外，抗战前后为应对国民党和日本人的搜刮，家里财产陆续变卖干净。到韩平德出生时，家庭条件已经非常窘迫。韩平德的奶奶、父母和7个兄弟姐妹一家10口人同住在以前的老房子里，家里唯一的经济来源就是父亲在盐场干活的微薄收入。到了上初中的年纪，因“三年自然灾害”的缘故，韩平德不得不辍学回家，此后跟着奶奶要饭、打小零工。1963年，17岁的韩平德开始参加集体劳动，19岁便当上生产队队长，同年加入中国共产党。打那开始，他先后干过后韩家村生产大队副大队长(1971)、大队长(1973)、阴岛公社纺织厂车间主任(1979)等。其中，纺织厂的工作经历改变了韩平德的人生。

那时，红岛农村多用铁锅、陶盆，铝制品很少见。与韩平德有业务关系的青岛织染一厂附近有个铝制品厂的门市部，亲戚朋友常托他捎一些便宜的铝锅、铝盆。由此，韩平德看到了铝制品这一商机。1983年，他先给妻子办了个体户证，后从青岛批发铝制品到红岛来卖，仅仅几个月就赚了4000多元。第二年，韩平德在奶奶的鼓励下顶住各方面的压力，决定下海经商。1984～1998年，从加工配件的小五金厂开始，到制造优质铝材的大型铝业有限公司，韩平德一路稳扎稳打，成了青岛地区著名的民营企业家。由于从小在艰苦环境中长大，韩平德并不满足于对物质财富的追求，而是尽自己所能回馈社会。因此，多年来他坚持为村里、乡镇各项建设事业捐款捐物。随着年龄的增长和阅历的丰富，韩平德觉得仅从物质上回馈社会还不够，还应该在文化上做些贡献。为此，他开始走上推动乡村文化传统复兴与建设之路。韩平德做的第一件事就是2000年开始连续为韩家小学捐款。第二件事是

韩家民俗村航拍照片(韩家民俗村提供)

2003年资助村里成立了老年人协会,推动全村形成敬老、爱老、助老的良好社会风气。第三件事是从2004年开始修建民俗村,复兴、保护和传承地方民俗文化传统。

韩家民俗村牌坊(韩家民俗村提供)

民俗村位于韩家村村东约150米处，坐北朝南，占地面积300余亩。从整体上看，民俗村可分为东、西两大区。西区建设比较完整，目前主要景点都集中在这一区域。该区大门位于民俗村南端，名曰“东夷门”。东夷门往北，是一座刻有“韩家民俗村”五个鎏金大字的五彩牌坊。牌坊之后依次为渔祖郎君庙、天后宫、戏楼、郎君爷广场、郎君爷雕像、莲花桥、盐宗殿、海通桥、渔盐耕读牌楼、海丰桥、鱼跃龙门、钓鱼台、九曲桥、沧浪水榭等景观。这些建筑构成了西区的中轴线，主要展现渔盐文化。中轴线又以海通桥为中点，分为南、北两部分。南部为陆地，北部为水域，称“北海”，将海通桥以北的建筑通通环绕其中。在南中轴线的右侧，自南向北依次有天王殿、千手观音殿、大雄宝殿、莲花庵、莲花池、阴岛渔民协会等建筑，主要展现佛教文化；南中轴线的左侧自南向北则依次有夫子庙、金水桥、棂星门、大成殿、龙母宫、锦昼堂、村塾学堂、莲花池、后韩家盐务所等建筑，主要展现儒家和道教文化。在这些建筑的左侧，自南向北为韩家村以前有过的商铺，如春和泰百货、顺祥茂茶楼、春盛粮油行等，展现商业文化。其北端尽头处，有渔盐码头，可乘船游览西区北部的水域。商铺、码头左侧是一条南北向的主干道，将民俗村一分为二。道路左侧即为东区。东区也可分为南、北两部分，北部目前为荒地，尚待开发建设。南部有民俗大酒店、民俗博物馆、婚庆宴会厅、廉政教育基地、渔盐博物馆、五环池、东书房、餐厅、古船博物馆等。除以上已建成的建筑外，民俗村还计划修建韩氏大宗祠博物馆、镇海塔、东夷会馆、海岱会馆、贵宾楼等，以完善村内建设。民俗村的布局，集中展现了以“渔、盐、耕、读”为核心的文化传统。其中，韩家村整理的《盐宗夙沙氏煮海成盐传说》《木质渔船制作技艺》《东夷渔祖郎君庙会》被列入山东省级非物质文化遗产。因此，通过游览民俗村，我们可以快速了解和体验古东夷文化、海岱民俗文化等多种文化传统。

除保存、记录和展现传统文化外，韩家民俗村也是韩家村传统民俗活动发展、传承和保护基地。像每年村里的老人节、春节、郎君庙会等节会都在民俗村举行相关的民俗活动，民俗村的存在为民俗活动的展演提供了一个广阔的舞台。此外，每到周六、周日，民俗村的私塾学堂还针对小学生开设国学、美术、音乐、劳作等课程。学习内容包括传统礼仪、民歌演唱、编织渔

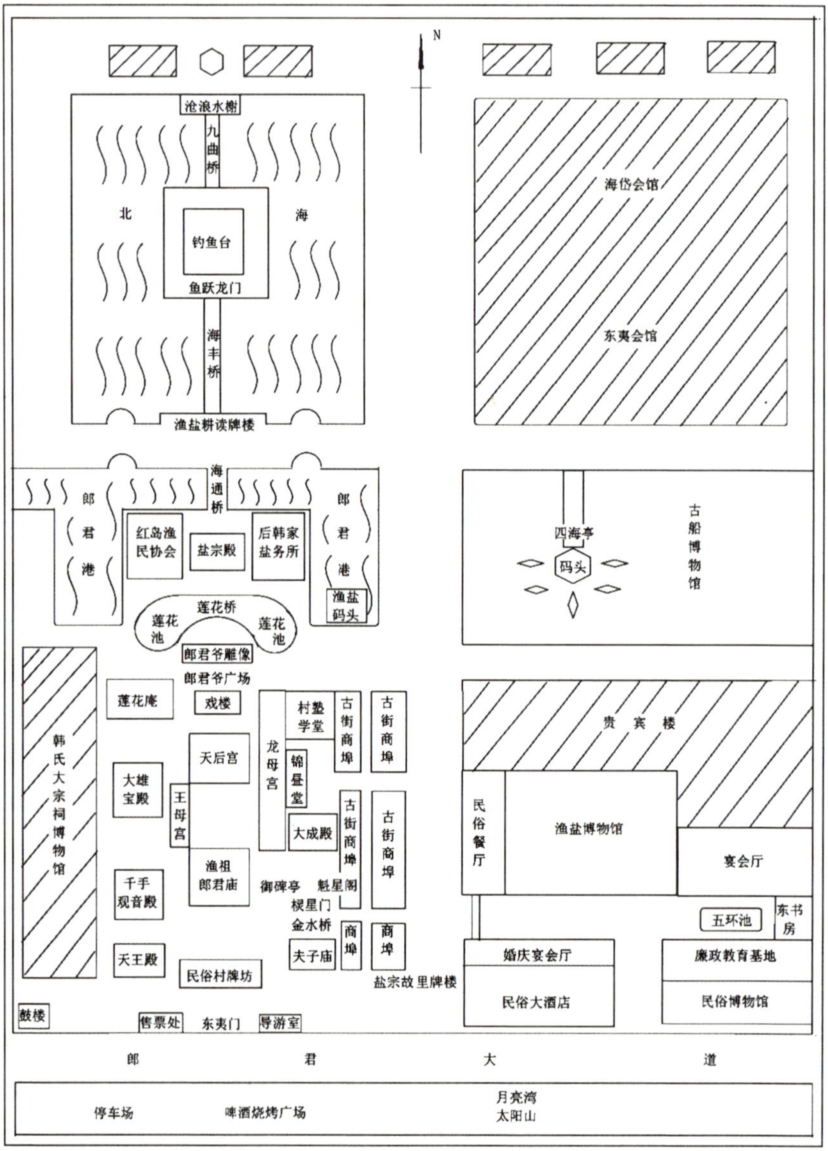

韩家民俗村平面示意图

网、摇橹驾船、讲故事、剪纸、雕刻、捏泥人、做糖画等。这些学习内容既丰富了学生的课余生活，又使地方民俗文化得以实践和传承。

韩家民俗村致力于保护韩家古村落文化，重建韩家古商贸店铺作坊，重

修郎君港码头、韩家古街、郎君庙等文化宗教场所，恢复传统儒、释、道文化，延续和传承历史上韩家村渔盐与农耕相结合的生产、生活、商贸方式和民俗民风，给子孙后代留下一份宝贵的精神文化财富。

这些立足于乡土的实践，获得了政府和社会的肯定，韩家民俗村因此先后被授予“山东省民俗文化研究基地”“青岛市社会科学普及教育基地”“青岛市未成年人社会课堂”等多种荣誉称号，这在红岛地区是独一无二的。也因为这点，韩平德和他创办的民俗村，成了当下韩家村人茶余饭后津津乐道的话题。

附　录

一、韩家村大事记

明

永乐年间

据《韩氏族谱》记载，韩姓祖先于明洪武（1368～1398 年）年间随军出征云南，永乐二年（1404 年）来到阴岛邵戈庄定居。据说，第三世祖北迁 5 里在煮锅屯（即煮盐屯，一说马家庄村）居住，后改称“韩家村”。

清

顺治年间

顺治年间（1644～1661），韩姓九世友朴三子搬到村前另立一村，叫作“前

韩家村”，韩家村改称“后韩家村”。

康熙年间

赵氏家族可台兄弟二人于清初由莱阳迁至即墨南乡，一住中华埠，一住韩家村，至今已传十三代。

道光十七年（1837年）

是年，连续大旱，灾荒严重，百姓靠树皮、草根、屋顶烂草充饥，很多人被饿死。

咸丰八年（1858年）

是年，韩家村耆宾韩启端、监生韩中治纂修《韩氏族谱》。

同治元年（1862年）

是年，村民韩中泮在韩家村大街中部创办“春盛号”，主营粮油，兼营竹、木等百货。

同治七年（1868年）

是年，村民韩潇全在韩家村大街中部创办“丰盛医药铺”，兼营冠轿、棺罩等。

同治十三年（1874年）

是年，韩氏十六世孙韩首全（字复方）被钦赐翰林，回乡后祭祖并修家庙、续字辈。此外，同治年间，韩姓与海西村矫姓为争幢网海区打官司，最后胜诉，官府下令今东西洪间、东湾顶、安家埠、毛岛东、大沙头一带只许韩家村韩姓张幢网捕捞。

光绪二十六年（1900年）

是年，村民韩高祥、韩高志等人从即墨县金口引进海水晒盐技术，为胶州湾内修盐池晒海水制盐的先驱（以前是掘井取卤水煮盐）。

1911 年

是年，韩家村后街中部建起天主教堂，建筑面积为 93.81 平方米。

中华民国

1913 年

是年，阴岛与马哥庄之间筑成土堤，陆路始通。

1915 年

是年，日商开始在阴岛海岸一带筑坝制盐，韩家村盐民也在村北海滩上挖泥筑堤造池晒盐。

1920 年

是年，教书先生韩乳山、刘允勤在韩家村开办了两个私塾班教学，招收学生 60 余名。

1924 年

春，韩氏十八世孙韩高煦主持翻修了族庙堂屋，竣工后，原来的一间草披族庙焕然一新，高大壮观，气势非凡。

7 月，阴岛盐民发起反对青盐输出包办的运动，在青岛游行并赴胶澳商埠督办公署请愿。韩家村盐户代表韩高温等参加了这次请愿活动。

8 月，胶澳商埠督办公署决定在韩家村创办公立小学校，命名为“公立韩家庄初级小学校”，由此正式开启了韩家小学的历史。

1927 年

4 月，韩家小学更名为“公立后韩家初级小学校”。

1928 年

6 月，以李鼎明（孙哥庄人）、张崇宽（上马哥庄人）为首的大刀会会员率

众抗粮抗税，两次攻打即墨城均未成功。

10月，大刀会会员打死马哥庄盐警队人员数十名，伏击了军阀刘震年的部下，杀死100余人，后遭刘震年骑兵袭击，大刀会会员外逃。韩家村参加大刀会者有数十人，以“抗粮抗税”为口号，其组织者刘光友后迫于形势而外逃天津。

1929年

4月，韩家小学更名为“青岛特别市市立后韩家完全小学”。

6月，村民韩明俭、韩以松、韩高连、韩明月因参加渔民抗渔税运动而被捕。

是年，村民韩鹏山在青岛的中山路创办了“永盛”钱庄，主要经营存钱、贷钱，兼营典当。

是年，韩家村韩高轩重修《韩氏族谱》。

从是年开始，在沈鸿烈任青岛市长期间，韩家村几年中连续出人修筑后韩至小庄、至后阳、至肖家的公路，修路监工者外号叫“长虫眼”。

1930年

9月，韩家小学更名为“青岛市市立后韩家完全小学”。

是年，村民韩高熙在韩家村创办馥香斋点心铺，主营桃酥、烩饼、油条等。

是年，韩家村盐民参加抗盐霸斗争，盐民韩以江、韩高温赴济南找韩复榘告状，胜诉。

1931年

牧师韩高仁（绰号“老八”）在韩家村天主教堂内创办“顺祥茂”茶庄，主营茶叶，兼营壁画及年画。

1932年

是年，韩家村准备为“青岛市市立后韩家完全小学”修建一座两层高的教学楼。

是年，韩家村村民韩明喜在村东创办了“福生东”酒肆，主营各种菜肴、酒类、饭食。

1933 年

韩家村村民韩明慎在村里创办了“春和泰”百货店，主营烟、酒、糖、茶等土特产品。

1934 年

沈鸿烈任青岛市长期间拨款新建了韩家小学二层教学楼，并于当年启用。沈鸿烈还参加了新楼的落成典礼。

1935～1936 年

韩家村先后三次流行霍乱。第一次死亡 4 人，第二次死亡 60 人，第三次死亡 17 人，共死亡 81 人。

1936 年，村民韩高瑞在青岛小港一路创办“瑞昌隆”鱼行，经营各种海产品及鱼需杂货。

1938 年

是年，韩家村村民韩高菊重修《韩氏族谱》。

是年，国民政府撤退，年底韩家自卫团团长韩明忻、副团长韩明晋带领韩家民团团员赵守业、韩玉德、高安、高昌等携枪支到即墨投黄爱军部，参加抗日活动。

1939 年

日本武装商人先进驻后韩家村学校，又占后阳村东高地，在此建造碉堡楼舍，并开始雇佣劳工在后阳村北、后韩家村东扎海筑坝，建造盐田，两年后投产晒盐。

1940 年

是年，韩家村农民韩明光趁地方政局混乱之机，收缴当地私人用于看家护园的枪支弹药，拉起了一支几十人的队伍。

夏，驻后阳的日本人管元来韩家村闲逛，抢夺韩明光手下韩高鹏的匣子枪，被韩明光部下捉住。韩明光部下想杀死管元，但韩明光及村中乡绅怕日军报复，遂与管元妥协，表示互不干预，放走了管元。

1941 年

正月二十一日，村中打死“干伪事的”3 人，四月十八日又打死 1 人。

夏，三伏不雨，干旱成灾。

是年，因日本人侵占学校，驱散教师，韩家村教书先生韩奎跃、韩勋南、韩振远、刘允勤、韩玉山等分别设私塾学堂，教授《三字经》《百家姓》《农用日用杂字》《论语》《孟子》《诗经》等。

冬，驻后阳的日本人在韩家村西头开枪打死肖维香之妻贾氏。

1942 年

正月，地方武装头目韩明光带领部下在宁家村打死青岛保安中队长吴德三，同时在韩家村北后崖下活埋了吴的部下肖维孟等人。

韩家学校教学楼被日伪军拆除，拆后的砖瓦木料全被运往马哥庄修造碉堡和战壕。

是年，日寇在娄山后杀害后韩家村韩马、韩品、刘某某 3 名男青年。

1943 年

春，韩家村肖相武、刘宗智去乳山县（解放区）小鸿港口捕鱼，由孙明介绍加入中国共产党。同年冬，肖、刘二人又介绍发展了韩家村渔民刘宗宪、刘宗升，随后建立了党小组。

春，青岛保安旅的部队包围后韩家村搜查，捉到并杀死了韩明光的部下刘之安、肖吉喜。保安旅士兵趁搜捕之机抢去群众不少钱物。

夏，韩家村 6 名中年妇女因生活所迫到日本人盐田墙子外的海边捡蛎子，日本人拿着刀枪威逼她们脱光衣裤，在坝顶及转桥上行走，动作稍慢就用棍抽打。

1944 年

春，日本人在青岛六号码头捉劳工驾驶木船载货物到日本，韩家村韩高斗、韩高景、韩明才、韩高孝、韩高地还有小涧村的刘文德被捉，此 6 人只有韩高地逃回家，其余 5 人下落不明，至今杳无音信。

是年 11 月 25 日，胶州县长徐明山率部驻张哥庄，请韩明光赴宴，席中徐明山被韩明光部下于白可打死，部下被遣散。

是年，在日本拖网船任大副的刘宗爱（后韩人）和任二副的刘之诚（邵哥庄人），在中共地下工作者宋臣的教育下，带领 7 名中国船员于 12 月 20 日自小港开船，次日晨抵达牟海县解放区并将船交公，中共胶东区党委召开大会，表彰了他们的革命行动。

1945 年

秋，韩明光的队伍把日本人放在后阳大楼的所有粮食、木料等占为己有。韩家村村民韩明岑之妻去后阳村要饭，因拿了日本人丢下的几斤玉米，被韩明光的人开枪打断了腿。

1946 年

后韩家村在原小学旧址上重建学校，因物价上涨，钞票不顶用，包工头跑掉，学校未按期完工。

秋，姜立川部入驻韩家村，其把木船全部封锁，不准出海，还把村北的盐田挖通放水，阻止八路军进攻，导致百姓蒙受了重大损失。

1947 年

中共胶东专署干部李仁节以开药铺为名，租用韩家小学校长韩振远家南堂屋进行地下活动，主要是利用韩家村经商的大帆船从青岛采购西药运到解放区，并介绍韩家村青年韩高胞、韩高汉、韩玉贞三人投奔解放区，参加了解放军。

7 月间，大雨连绵，发生了海啸，村东盐场被淹，盐垛上的成盐被海水化尽。

是年，秋雨连绵，影响耕种，冬雪封门，沟洼不辨。

1948 年

韩警海、韩振远主持重修了凹形的韩家小学校舍，韩振远任校长。

1949 年

1945～1949 年间，韩家村不少青壮年被国民党抓去当兵，有的被解放军俘虏，后来参加了解放军，中华人民共和国成立后复原回乡，如前韩家村的陈吉喜、韩明普、刘宗智、韩明江、陈吉红、陈吉雨，后韩家村的刘光策、刘宗怀、刘宗岑、刘宗财、韩高焦、韩高央、韩明旦、韩明祥、韩明悟、韩明书、韩书德、韩明这、韩明桥。还有的人随国民党去了台湾，如前韩家村的韩明霞、刘光善、韩崇德的两个哥哥、刘宗田的儿子，后韩家南村韩明公的哥哥、肖相进的弟弟、肖相森的哥哥、刘宗显的弟弟、刘宗怀、刘宗岑、刘宗上的哥哥、韩明发、韩淑德、刘宗财的弟弟、刘宗雪的弟弟、韩英德、韩高胜、韩高阶、韩高存、韩明涛、韩培德、韩志德的叔叔、李壮忠的弟弟、韩明巢的哥哥、韩高岗的哥哥、韩明亮的哥哥、韩高岁、刘牛（赴台途中死亡）、刘宗初家本家、刘宗铎（后逃回家乡）。

1949 年 6 月 2 日，韩家村解放，人民解放军一个营的部队进驻韩家村，两个月后开走，人民欢庆胜利，开始新的生活。4 月，韩家小学改称“即墨县第八区后韩家完全小学”。

1949 年 7 月，后韩家村的民主政权——村政府成立，肖相武任村长，同时成立了农民协会，韩以田任农会主席。

中华人民共和国

1950 年

春，为支援解放舟山群岛，政府从韩家村征用了 7 艘大帆船，韩家村渔民刘宗元、韩以顺驾驶木船支援前线。

10 月，韩家乡成立。

是年，韩明景、韩英德相继加入了中国共产党。至此，韩家村已有党员6名。

1951年

1月，土地改革开始，韩家村划定地主、富农49户，没收土地707亩和多余的房子及部分粮食分给贫民。

春，韩家村青年踊跃参加中国人民志愿军，包括前韩家村的常世珉、高新芳、高葵芳(1952年去世)，后韩家村的韩明节、韩明策、韩明春、韩明雨、韩明香、魏济帮、韩明秋、韩高淑、韩明引、韩明财。

5月1日，前后韩家村有5名反革命分子在村西被镇压。

1953年

是年，矫姓群令在后韩家村立户，至今已四代人(原籍是马哥庄镇程哥庄村)。王姓春垣，由山东海阳县友成镇忠厚村迁来定居，至今已三代人。

1955年

夏，后韩家村在原有盐场127付斗的基础上，成立了盐业合作社。

冬，成立了初级农业社，以“红旗”命名。

1956年

春，初级农业社合并转为高级渔农合作社。

夏，暴雨连绵不断，小麦在垛上发芽，地里进不去人，误了夏种。

冬，韩家乡合并，前后韩家村、前后阳村，4个村合并为1个乡。

1957年

5月，韩家乡成立木帆船运输社，后韩家村有大木船38只、劳动力100余名参加，他们独立核算，按劳分配。

9月，根据上级指示，在韩家村东北挖平塘一个，用来蓄存雨水。

是年开展了“反右”政治运动，韩家小学教师高泽广被错划为“右派分子”，被迫远走新疆。

1958 年

春，村东北平塘挖旱井时塌方，韩高柱牺牲，是年 37 岁。韩淑方被压断腿，后治好。

秋，阴岛人民公社成立，韩家村土地划归公社集体所有，分片成立耕作区，并集中村民大炼钢铁、吃大锅饭，刮起了“共产风”。

是年，为大面积地统一耕作，男女社员一齐出动，平整土地，将坟墓全部摊平。韩家小学前韩姓始祖大坟全部挖掘，十世祖敬相公墓出土铜剑一把。在大炼钢铁运动中，郎君庙、三官庙、娘娘庙等被拆除，木料用于炼钢。

1959 年

是年，水产供销站建起了收购点，韩家村渔民捕获的鱼货都交给收购站，收购站按照交售的鱼货数量供应打鱼所需的物资。

1960 年

是年粮食严重减产，每人每日口粮仅有 4 两(200 克)，只得以草根、树皮、树叶等充饥，部分村民死亡。49 人外流东北，到日照、泰安要饭的人不下 100 余名。

农历正月初六，在海阳小泓港口打鱼时，公社渔民收到大风警报，但公社分管渔业生产的驻港指挥者却强令渔民出海，结果造成 10 多名渔民死亡的重大海上事故。

1961 年

韩家村分成后韩一大队、后韩二大队两个大队。

后韩一大队书记:韩明春;大队长:刘宗参。

后韩二大队书记:韩明引;大队长:赵守财。

1962 年

7～8 月，连续阴雨，庄稼受灾。

1965 年

韩家小学校舍由于年久失修而成为危房。上级有关部门经过检查后，决定对韩家小学进行翻新重建。建校资金由教育局和后韩家两个大队分别负担。建筑材料主要使用旧料，技工工资由县教育局下拨；小工工资由后韩家两个大队支付。是年 7 月底工程全部竣工，共翻新 12 间教室、3 间伙房。新学期开学时，学生全体迁入新校。

初冬，在村西头火石地北水沟处挖水库一座，长为 150 米，宽为 50 米，深为 4 米，容水量为 3 万立方米，村民为其取名“四清水库”。

1966 年

9 月，“文化大革命”波及韩家村，在“破四旧”活动中，学校停课，村里有些古书、族谱被焚毁，秩序陷入混乱，展开了针对“地、富、反、坏、右分子”的政治斗争，并逼死 2 人。

是年，渔、农、副业全面开展，大队组织人员进城搞副业，每年大约 100 人。

1967 年

红卫兵造反派在全国范围内“夺权”，号称要实现“全国山河一片红”，阴岛四清工作团团长段惠琛（原任山东省农委政治部主任）宣布改阴岛人民公社为“红岛人民公社”。

春，韩家村建起了电磨坊，群众普遍反映既方便又省力，再不用抱着磨棍推磨了。

夏，韩家村开始拉电照明，不久便普及各户，结束了韩家村使用洋蜡、洋油照明的时代。

是年，韩家村在村东北建起了养猪场、养貂场，由李明忠任场长。

是年，购买了小麦脱谷机，解决了人工拉滚子打小麦体力劳动繁重的问题。

1969 年

夏，大队成立了合作医疗站。

是年，大队投资 1.5 万元办起了海带养殖场，并为发展而购置了第一台拖拉机。

1970 年

是年，大队为解决社员吃水困难的问题，在村东北挖水井一口，深 10 多米，水井水旺、水甜，全村群众都很满意。挖该井的劳力基本上全是渔民。

1971 年

是年，大队投资 2 万元办起了非标准件厂，负责人为韩芳德，手下有 28 人从事此项生产工作。

1972 年

是年，村里建造了 20 马力的机帆船 2 艘，用于张流网捕鱼，韩明吉任船长。

1974 年

冬，开展“农业学大寨”活动，村里掀起了大搞农田基本建设的高潮。

冬，韩家小学建成了面积达 4000 平方米的运动场。

1975 年

冬，各生产队在部分劣质地块上进行改造，加厚土层，改良土质。

韩家小学修建了校园大门，教室里安装了防盗铁棍，加高了西院墙，并整修了多处校内设施。

1976 年

冬，大队组织男女劳动力在西火石地地片进行土地的修挖整平工作。

1977 年

春，大队办起了幼儿园，韩彩香任幼儿教师。

秋，大队在农田水利建设中，为提水上山浇地，从村北后崖下到岭顶铺

设了直径25毫米的石棉管道400余米，还从四清水库到采石窝铺设了200米长的管道。

秋，全国恢复高考招生制度，韩家村被录取上中专学校的有6人。

1978年

秋，大队组织男女劳力60余名，扩建了况家茔水塘。

是年，村里开始推行火葬。

1980年

是年，大队投资4万元办起了印刷厂，负责人是韩欣德，其手下有20多人。

1981年

是年，大队投资办起了兔毛加工厂，安排劳力20余人，赵全昌任厂长。

1982年

是年，殡葬施行火化，改变了有史以来的土葬旧习。

1983年

春，大队改制，建立土地家庭联产承包责任制。

4月，渔民韩明群等人驾驶机动船在22海区放网捕捞时，突遭日本商船撞毁，日方用软梯把6人救上船，3天后青岛沙子口军港海军部队派出军舰把渔民接回青岛。

1984年

全县13处公社改制为10镇3乡，红岛公社改为红岛乡。

10月，生产大队改为村民委员会，后韩一大队、二大队分别改为后韩家南村和后韩家北村村民委员会。

韩平德自办私营红岛塑料五金厂，生产铝制品配件，租借韩家村祠堂作为厂房，有2台设备和5名员工。

1985 年

是年，韩家村在村东南挖一口深井，并在村西头修建水池，铺设管道，让村民吃上了干净卫生的自来水。

1988 年

是年，后韩家北村分配到滩涂 75 亩，村委会将此承包给 5 户村民，村民每年上交承包费 1.5 万元。

1989 年

10 月，学校东集体房屋和空地被确定为工业区，从此韩平德经营的五金厂从祠堂搬到村东原养鸡场，并引进液压设备，扩大生产规模，安排劳力 16 人。

1991 年

后韩家北村将 220 亩滩涂承包给村民从事海产品养殖，承包期为 6 年，承包费为 15 万元。

1992 年

因人口增多，韩家村又在村东南另挖一水井，水质好，可供村民饮用。

村民韩平德成立青岛通用铝制品厂，投资 500 余万元，生产玉鸟牌、红鸽牌铝制品，因物美价廉、品种齐全，产品畅销山东及全国各地。

1994 年

经青岛市同意，将原崂山区 13 处镇划分为崂山区 5 处镇、城阳区 8 处镇。

1997 年

是年，韩家村投资 3 万元，在村东北坡划出 10 亩地建立新公墓。

1998 年

村民韩平德成立青岛铝业有限公司，投资 4000 万元在红岛开发区征地 70 亩，建成高精度铝板带箔材生产线 1 条，年加工铝材 1.5 万吨，产值 3 亿元，创利润 3000 万元。

1999 年

后韩家北村将村西洼地 300 亩划为高效农业园，并积极争取到了青岛市农科所的帮助，走科研单位带动农户发展的路子，有 21 户村民承包了 260 亩土地从事果树栽植。

2001 年

是年 6 月，红岛撤镇设街道，韩家三村隶属红岛街道。

2003 年

是年 3 月 30 日，后韩家北村老年人协会成立。

2004 年

是年 9 月 3 日，红岛街道实行村改居，后韩家北、后韩家南、前韩家三村改为三社区。

是年，前韩社区老年人协会成立。

是年，韩平德开始投资建设韩家民俗村。

2005 年

是年，后韩南社区老年人协会成立。后韩南社区刘宗浩任会长。

2006 年

是年，经区教育局检查，韩家小学校舍被评为危房。韩平德、刘宗参等组织各界捐款出工，对校舍、广场进行大修，使学校面貌焕然一新。

是年，韩平德出资对村东“凤凰湾”进行了重修，使千年古湾重现新颜。

是年，韩平德等出资重修“郎君港”古码头，重修了关帝庙，再塑金身，至今香火日盛，并形成了古湾、圣庙、校园一体的古村人文景观。

2007 年

韩平德倡议组织召开“韩家小学建校八十周年”校庆纪念活动，并编写《风雨八十载》一书。

2008 年

是年，韩家民俗村为韩家小学新建校舍 3 座、新建男女厕所各 1 处，砌建东侧院墙，现为 3 个村幼儿园使用。

2010 年

是年，以族谱记载为线索，韩家村韩姓人士找到其祖先为宋代宰相韩琦，且其祖籍为河南彰德府(今河南省安阳市)。

2012 年

是年 5 月 31 日，红岛经济区成立，红岛街道划归红岛经济区管辖，其下的后韩家北、后韩家南、前韩家三社区至今未变。

是年，村民韩平德重建郎君庙、娘娘庙、盐宗庙，并在韩家民俗村举办了第一届渔祖郎君庙会，恢复了郎君祭祀活动。

2014 年

是年 2 月，韩家小学迁入韩家村西新建校舍，并入红岛中心小学，韩家小学原校址现为后韩北社区居委会使用。

2015 年

是年，韩平德根据族谱记载的“避乱江南”这一线索，找到浙江省萧山县义桥镇湘南村为明初韩氏迁青岛始祖韩显问公的祖籍，湘南始祖为南宋饶州太守韩膺胄。至此，青岛韩家村韩氏自黄帝以来的祖先全部认清。

2016 年

前韩、后韩南、后韩家北三社区整体拆迁，选址在后韩北社区北岭地段。

2017 年

是年，后韩北社区大路北侧 140 户居民民房拆除，土地用作新社区大楼基址，并于 7 月 27 日举行了奠基仪式。

二、韩家村历届支部、大队、村委会情况

前韩家村历届支部情况

任职时间	支部成员
1950 年 1 月至 1957 年 6 月	书记陈继峰
1957 年 7 月至 1959 年 12 月	书记韩明浦
1960 年 1 月至 1962 年 4 月	书记陈继祥
1962 年 5 月至 1965 年 10 月	书记韩明召
1966 年 3 月至 1970 年 2 月	书记韩明召，副书记常世民，委员韩武德、刘开祥、陈财序
1971 年 4 月至 1971 年 10 月	书记韩明召，委员韩武德、常世民、刘宗恩、韩欣德
1971 年 11 月至 1984 年 12 月	书记韩武德，委员韩明召、常世民、刘宗思、陈述侃
1985 年 1 月至 1988 年 11 月	书记陈述侃，委员韩武德、陈明强
1988 年 12 月至 1992 年 11 月	书记陈述库，委员陈述侃、陈明强
1992 年 12 月至 1994 年 11 月	书记陈述侃，委员陈明强、刘彩芬
1994 年 12 月至 2002 年	书记韩岗德，委员陈述倬、韩康德、韩香兰、高今芳

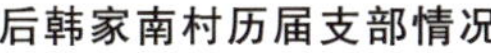

后韩家南村历届支部情况

任职时间	支部成员
1956 年 4 月至 1957 年 4 月	书记刘宗瑞
1957 年 5 月至 1958 年 4 月	书记刘宗宪
1959 年 4 月至 1960 年 1 月	书记韩明春
1960 年 1 月至 1961 年 3 月	书记刘宗宪
1961 年 4 月至 1965 年 10 月	书记韩明春,委员刘宗参、刘光策、刘宗石、刘开郡、韩明雨
1966 年 6 月至 1970 年 2 月	书记韩明春,委员刘开郡、刘宗浩、刘宗石、刘光策、韩彩香
1971 年 4 月至 1973 年 8 月	书记刘宗河,委员刘宗参、刘开郡、刘宗石、刘宗浩
1973 年 8 月至 1975 年 5 月	书记刘宗河,委员刘宗浩、刘宗参、刘开郡、韩明亲、刘宗石
1975 年 5 月至 1977 年	书记刘开古,副书记刘宗河、刘开郡、刘宗参,委员刘宗浩、韩明亲、刘宗石、韩彩香、韩明佳
1977 年至 1979 年	书记刘开古,委员刘宗参、刘开郡、刘宗桂、刘宗潭、刘宗浩
1979 年至 1980 年 11 月	书记刘开古,副书记刘宗参、刘宗桂;委员刘宗交、刘开郡、刘宗浩
1980 年 12 月至 1982 年	书记刘宗桂,副书记刘开古;委员刘宗浩、刘开郡、刘宗交、刘开弼
1982 年至 1984 年 8 月	书记刘宗桂,副书记刘宗浩;委员刘宗交、刘开弼、刘开古
1984 年 9 月至 1987 年 3 月	书记刘宗桂,委员刘开弼、肖吉舵
1987 年至 1991 年 2 月	书记刘宗桂,委员刘开弼、肖秀芝
1991 年 3 月至 1994 年 6 月	代理书记韩同显,委员刘开弼、肖秀芝
1994 年 6 月至 1994 年 10 月	代理书记韩波德,委员刘开弼、肖秀芝、刘开涛(增补)
1995 年 10 月至 1998 年 3 月	书记刘宗部,副书记韩英德(1996 年任职),委员刘开玉、刘宗潭

续表

任职时间	支部成员
1998 年 7 月至 2000 年 9 月	书记韩英德，委员刘开玉、刘宗潭
2000 年 10 月至 2004 年 10 月	书记刘盛开
2004 年 11 月至 2007 年 10 月	书记刘开勇，支部副书记韩同显，支部委员韩刚德
2007 年 10 月至 2011 年 4 月	书记刘开勇，支部委员韩刚德、韩骞
2011 年 4 月至 2014 年 4 月	书记刘开勇，支部委员韩刚德、韩骞
2014 年至今	书记刘开勇，支部委员韩刚德、韩骞

后韩家北村历届支部情况

任职时间	支部成员
1956 年 4 月至 1957 年 4 月	书记刘宗瑞
1957 年 5 月至 1958 年 4 月	书记刘宗宪
1959 年 4 月至 1960 年 1 月	书记韩明春
1960 年 1 月至 1961 年 3 月	书记刘宗宪
1961 年 4 月至 1962 年	书记韩明引，副书记韩明宽
1962 年至 1965 年	书记韩明汉，副书记韩明引、韩明宽
1966 年至 1971 年	书记韩明宽，副书记韩明引
1971 年至 1973 年	书记韩普德，委员韩明伟、韩明宽、韩芳德
1973 年至 1978 年	书记韩明伟，副书记韩平德，委员韩明宽、韩兰德、韩沧德、韩芳德
1979 年 1 月至 1981 年 12 月	书记韩沧德，委员韩明宽、韩兰德
1982 年 1 月至 1984 年 10 月	书记韩兰德，委员韩军德、韩大军
1984 年 11 月至 1992 年 5 月	书记韩同照
1992 年 6 月至 1995 年 5 月	书记韩明利，委员矫吉林、韩永平
1995 年 6 月至 1998 年 10 月	书记韩明利，委员矫吉林、韩德生
1998 年 11 月至 2000 年春	书记徐显友（镇干部挂职），副书记韩德生，委员刘群英
2000 年春至今	书记韩德生，委员刘群英、韩永康

后韩一大队十生产小队历任队长名单

小队	历任小队长
一队	韩明雨、韩明生、韩明春、刘宗亭、韩辉德、韩明芬、韩旅德、韩梅德
二队	韩明亲、韩明玉、韩明来、韩明浩、韩彬德
三队	韩明禧、韩明福、韩明春、韩明雨、韩高宽、韩明亲、刘宗瑞、韩明理、韩明利、韩明宗
四队	刘宗保、刘宗参、韩梅德、韩明连、刘光策、韩明选、韩同煌、刘开航、韩洪德、韩同芬
五队	刘宗芮、刘开郡、韩明雨、韩明霞、刘宗石、肖吉青、韩茂德、韩同起、韩茂德、韩志德、韩同远
六队	刘光策、刘宗贵、刘宗模、刘宗召
七队	刘宗瑞、刘宗珉、韩明智、刘宗参、刘开江、刘开金、刘开松
八队	刘宗山、刘宗石、刘开航、刘开克
九队	刘宗浩、刘开友、刘宗璋、刘宗参、刘开连
十队	刘开郡、刘开亭、刘开臣、刘宗宪、刘宗交、刘宗亭、刘开书、刘开彦、韩同云、刘开友

后韩二大队八生产小队历任队长名单

小队	历任小队长
一队	韩明宽、韩高生、韩明叙、韩苏德、韩明万
二队	韩明平、韩明国、韩明宽、李明忠、刘开明、韩明富、韩明准、韩苍德、韩通昌
三队	韩明信、韩明富、李明忠、韩高富、韩明范
四队	韩学德、韩明准,韩信德、韩胜平、韩通教
五队	韩森德、韩英德、李明忠,韩仁德
六队	韩明引、韩兰德,韩平德、韩明晶、韩明义、赵守信、赵全昌
七队	韩明伟、韩明扬、韩金德、韩悦德、韩仕德、韩明晶
八队	韩明晶、韩高杭、韩明岗、韩高苏、韩高慈

前韩家村历届村委会

任职时间	村委会成员
1984 年 10 月至 1989 年 12 月	主任韩武德，委员陈述库、陈述侃，主管会计陈述照，出纳会计韩香兰，计划生育主任陈述照、陈明强，计划生育统计员韩香兰
1990 年 1 月至 1992 年 11 月	主任陈述库，委员韩武德、陈述侃，主管会计陈述照，出纳会计韩香兰，计生主任陈明强；统计员韩岗德；妇女主任韩香兰
1992 年 12 月至 1994 年 11 月	主任陈述侃，委员陈明强、刘彩芬
1994 年 12 月至 1996 年 3 月	代主任韩岗德，委员韩香兰、韩康德
1996 年 4 月至 1999 年 3 月	主任韩岗德，委员韩香兰、韩康德
1999 年 4 月至 2002 年 4 月	主任韩岗德，委员韩香兰、陈述朋，主管会计刘福合，出纳韩香兰，计生主任陈述朋，计生统计员苟翠芳
2002 年 4 月至 2004 年 10 月	主任韩岗德，委员陈述朋、刘福合，主管会计刘福合；出纳韩香兰
2004 年 11 月至 2011 年 4 月	主任韩岗德，委员陈学序、徐春梅，主管会计韩香兰
2011 年 4 月至 2014 年 4 月	主任韩岗德，村委委员陈学序、徐春梅、刘福梁，主管会计韩香兰
2014 年 4 月至今	主任韩岗德，委员刘福梁、刘爱香，主管会计韩香兰

后韩家南村历届村委会

任职时间	村委会成员
1984 年 10 月至 1987 年 4 月	主任刘宗桂，副主任韩同煜（计划生育主任），委员刘开粥、肖秀芝（妇女主任），团支部书记魏文福（兼计划生育统计），主管会计韩同煜，出纳会计韩淑娥
1987 年 6 月至 1989 年 9 月	主任刘开国，副主任刘开粥（兼计划生育主任、民兵连长），委员魏文福（建房主任、民政主任、兼出纳会计）、肖秀芝（妇女主任），主管会计韩禄德

续表

任职时间	村委会成员
1989 年 10 月至 1991 年 1 月	主任刘宗桂，委员韩同显（副主任）、刘开弼（计划生育主任）、肖秀芝（妇女主任）、韩禄德（主任会计）
1991 年 1 月至 1996 年 3 月	主任韩同显，委员韩波德（副主任）、刘开弼、韩禄德、肖秀芝
1996 年 4 月至 1999 年 3 月	主任韩英德，委员刘开玉（副主任）、刘宗潭（计划生育主任）、肖秀芝（妇女主任）、韩禄德（民兵连长、主管会计、团支部书记）、韩波德（副主任）、刘开弼、韩禄德、肖秀芝
1999 年 5 月至 2002 年 4 月	主任刘开玉，委员刘宗潭（计划生育主任）、韩禄德（主管会计、民兵连长、团支部书记）
2002 年 5 月至 2004 年 10 月	主任韩明忠
2004 年 11 月至 2007 年 9 月	主任刘开勇，委员韩明忠、韩通航
2007 年 10 月至 2011 年 4 月	主任刘开勇，委员刘福洵、韩通航
2011 年 4 月至 2014 年 4 月	主任刘开军，委员刘福雄、赵翠华

后韩家北村历届村委会

任职时间	村委会成员
1984 年 10 月至 1992 年 11 月	主任韩通照，委员韩通岩、韩永平、韩明利、矫吉林，韩军德、赵珍香，主管会计李存忠
1992 年 12 月至 1999 年 4 月	主任韩明利，委员矫吉林、赵翠兰，主管会计李存忠
1999 年 4 月至 2007 年 10 月	主任韩德海，委员韩同岩、韩通准，主管会计韩通胜
2007 年 11 月至 2011 年 3 月	主任韩德海，委员韩同岩、韩通准，主管会计韩通胜
2011 年 4 月至今	主任韩德海，委员韩同岩、韩通准、刘桂英，主管会计韩通胜

注：因时间久远，上表所列任职难免不全；如有遗漏，敬请见谅。

三、重要民俗资料提供者简介

姓名	性别	出生年月	职业	居住地
韩明扬	男	1933 年 3 月	老年人协会副会长	后韩家北村
肖相义	男	1933 年 11 月	老年人协会副会长	后韩家南村
韩明斐	男	1934 年 11 月	机电机工	后韩家北村
韩明基	男	1936 年 3 月	后韩家村村民	后韩家北村
韩同照	男	1938 年 3 月	前韩家村村民	前韩家村
韩群德	男	1938 年 10 月	老年人协会副会长	前韩家村
韩欣德	男	1938 年 12 月	老年人协会会长	前韩家村
韩普德	男	1941 年 3 月	老年人协会会长	后韩家北村
刘开香	男	1941 年 9 月	老年人协会副会长	前韩家村
韩明耨	男	1942 年 2 月	民俗村民俗文化艺术团团员	后韩家北村
韩明万	男	1945 年 6 月	老年人协会副会长	后韩家北村
韩平德	男	1946 年 3 月	韩家民俗村文化有限公司董事长	韩家民俗村
万文青	女	1946 年 7 月	退休教师	前韩家村
赵宇岚	男	1947 年 7 月	民俗村民俗文化艺术团团员	红岛嘉苑小区
任素珍	女	1949 年 2 月	后韩家北村村民	后韩家北村
孙义民	男	1949 年 12 月	民俗村民俗文化艺术团团员	红岛嘉苑小区
赵爱云	女	1951 年 3 月	民俗村民俗文化艺术团团员	红岛嘉苑小区
韩森德	男	1952 年 3 月	老年人协会理事	前韩家村
尚庆梅	女	1952 年 10 月	前韩家村村民	后韩家南村
韩秋芳	女	1953 年 11 月	韩家民俗村职员	后韩家北村
吕建华	女	1955 年 7 月	前韩家村村民	前韩家村
刘群英	女	1964 年 11 月	韩家民俗村文化有限公司经理	后韩家北村

主要参考文献

陆釴纂修:《山东通志》,明嘉靖十二年(1533)刻本。

许铤修、杜为栋纂:《即墨志》,明万历八年(1580)刻本。

龙文明修、赵耀等纂:《莱州府志》,明万历三十二年(1604)刻本。

梁梦龙:《海运新考》,明万历刻本。

佚名纂修:《即墨县志》,清康熙十六年(1677)增刻本。

尤淑孝等纂修:《即墨县志》,清乾隆二十九年(1764)刻本。

韩中治:《韩氏族谱》,清咸丰八年(1858)修,后有补录。

林溥修、周翕镄纂:《即墨县志》,清同治十一年(1872)刻本。

白眉初纂修:《山东省志》,1925年抄本。

赵琪修、袁荣叟纂:《胶澳志》,1928年铅印本。

青岛市教育局:《青岛市市立后韩家小学新建校舍》,载《青岛教育》1934年第12期。

胶澳商埠督办公署:《胶澳商埠督办公署训令第一七九五号》,载1924年8月5日《胶澳公报》。

胶澳商埠督办公署:《胶澳商埠督办公署训令第一七九六号》,载1924年8月5日《胶澳公报》。

佚名:《阴岛区渔盐农业概况调查》,载《乡村建设月刊》1933年第1期。

戈秉臣:《阴岛渔区调查统计》,载《水产月刊》1937 年第 4 期。

韩高菊:《韩氏族谱》,1938 修。

村志编纂工作领导小组:《后韩北村村志》,2003 年。

后韩北村老年人协会理事会:《后韩北村老年人协会章程》,2003 年。

校庆筹备领导小组:《风雨八十载——青岛市韩家小学创建 80 周年纪念》,2007 年。

红岛街道办事处:《红岛街道志》,2013 年。

后记

2013年，我们开始关注青岛韩家村，原因主要是山东大学民俗学、民间文学专业师生虽然长期聚焦于山东村落研究，但多关注的是山区、湖区以及黄河沿线村落，较少着眼于沿海地区。因此，韩家村这样一个滨海村落引起了我们的兴趣。那时，我们的想法很简单，就是想深入了解山东地区这一类型的村落民俗。在多次调查的基础上，俞理婷于2015年撰写了硕士论文《留住村庄记忆的乡土实践——以青岛市韩家民俗村为个案》，探讨在社会发展过程中，韩家村村民唤醒、保护和传续民俗传统的原因、过程及实践机制。此后，山东大学民俗学、民间文学专业师生又陆续对韩家村进行了多次调查和记录。到现在，这项工作已经持续了4年之久，积累了丰富的资料，也为本书的撰写奠定了重要的基础。

一直以来，韩家村村民对我们的调查给予了大力支持和帮助。没有他们不耐其烦的讲述以及无私地贡献各种资料，就不可能有这本小书。在此，我们要向韩家村全体村民表示衷心的感谢。此外，还要感谢韩家民俗村的全体工作人员。调查期间，他们在食、宿、搜集资料等方面为我们提供了各种便利，其热情、细致的服务让我们难以忘怀。初稿写就以后，韩家村老年人协会认真阅读了书稿，并就其中的一些细节问题进行了三次讨论，最终定稿。尽管这个过程非常繁复，但对本书叙述的准确提供了重要保障，在此向老年人协会的成员们表示深深的感谢。

山东大学民俗学、民间文学专业的部分师生前往韩家村，做了大量的前期调研工作。在此，我们对其辛勤付出深表感谢，尤其要谢谢参与调查的各位同学，包括李凡、秦承泽、王伟娜、刘若轩、李思、李娟、李小真等，他们不畏

酷暑寒冬，搜集并整理了大量的资料。

本书从撰写到出版，山东大学出版社傅侃编辑不但给予了许多宝贵的建议，而且承担了具体的编校工作，她的细致、耐心包容给我们留下了深刻的印象，在此谨表感谢！

龙圣、俞理婷

2017年7月

图书在版编目(CIP)数据

韩家村/龙圣,俞理婷著.—济南:山东大学出版社,2017.12
(山东村落田野研究丛书/张士闪,李松总主编)
ISBN 978-7-5607-5909-8

Ⅰ.①韩… Ⅱ.①龙… ②俞… Ⅲ.①村史—青岛 Ⅳ.①K295.25

中国版本图书馆 CIP 数据核字(2017)第 328721 号

责任策划:傅　侃
责任编辑:傅　侃
装帧设计:牛　钧

出版发行:山东大学出版社
社　址　山东省济南市山大南路 20 号
邮　编　250100
电　话　市场部(0531)88363008
经　销:山东省新华书店
印　刷:山东华鑫天成印刷有限公司
规　格:720 毫米×1000 毫米　1/16
14.75 印张　220 千字
版　次:2017 年 12 月第 1 版
印　次:2017 年 12 月第 1 次印刷
定　价:49.00 元